부와 절세를 한번에 잡는
채권투자 바이블

Rich,
Bond Bible,
Low Tax

부와 절세를 한번에 잡는
채권투자 바이블

금리 역습의 시대, 채권으로 부자 되는 법

마경환 지음

21세기북스

현대사회를 흔히 정보의 홍수 시대라고 한다. 각종 매체를 통하여 하루에도 수만 가지의 정보가 쏟아지면서 따라잡기 벅찬, 아니 불가능한 사회가 되어버렸다. 경제 분야는 그중에서도 더더욱 변화가 빨라, 오늘 뉴스도 내일이면 급격히 가치를 상실하는 분야다. 이런 시대에 종이책을 통해 채권 및 매크로 정보를 전달하는 것은 어찌 보면 힘에 부치는 작업이다. 책을 집필하고 있는 지금도 글로벌 매크로 경제 상황은 매일같이 새로운 뉴스로 도배되고 있다.

이렇게 급변하는 복잡다단한 시대임에도 불구하고, 글로벌 매크로 경기 상황은 고전적인 순환이 반복되는 패턴을 가지고 있다. 예를 들어, 끝이 없을 것만 같은 호황을 누리다가도 반드시 꺾이는 순간이 있고, 그 이후에는 고통스러운 침체가 도래하고, 침체의 터널도 어느 순간 끝을 맞이한다. 계절의 순환처럼 반복되는 과정이지만, 각 단계에서 각자가 느끼는 체감은 다르고 이에 따라 해석과 전략도 제각기 달라진다.

필자는 1995년 대한투자신탁(현 하나증권)에 입사한 이후 국제업무부에 근무하고, 이후 외국계 운용사인 프랭클린 템플턴 자산운용에 근무하면서 이러한 큰 주기의 경기 사이클을 적어도 2~3회 경험했다. 물론 필자 또한, 사회생활 초년기에는 이러한 사이클을 잘못 해석해 오류를 범했던 경험을 가지고 있었다. 그러나 이러한 경험을 통하여 오류를 반복하지 않을 수 있는 자산을 축적했고, 글로벌 매크로의 큰 흐름 중에 지금이 어느 국면인지를 정밀하게 파악할 수 있는 분석 툴을 확보할 수 있었다.

숲을 보는 전략은 일부 변수가 발생해도 큰 틀에서는 실패하지 않는다고 믿는다. 2020년 초부터 지구촌 전 지역을 강타한 코로나 팬데믹의 영향으로 세계 경제는 급격한 위기에 봉착했고, 이를 해결하기 위하여 세계 각국들 유동성을 단기간 내에 확대하여 이 위기에 대처했다. 이러한 대처는 그 시기에 불가피한 수단으로 여겨졌었다.

그러나 전례 없는 수준의 유동성 공급으로 말미암아 인플레이션이 생겨났었고, 이 부작용을 잡기 위하여 세계 각국들 2022년부터 금리 인상과 긴축정책을 시행하게 되었다. 미국을 비롯하여 세계 주요국들의 당시 최대 화두는 물가를 최대한 빨리 잡는 정책을 수립, 시행하는 일이었다. 많은 경제 주체가 지금도 허리띠를 졸라 매고 고통을 감내하면서, 고금리, 고물가의 시기를 경험하고 있다.

이러한 글로벌 경기 상황에서 필자는 각종 온·오프라인 세미나 및 동영상 자료를 활용하여 각 국면 별, 시기별 시장 상황을 분석하고 이에 적합한 채권 전략을 제시하고자 노력하고 있다. 매우 급격하게 발전한 미디어 기술 덕분에 시공간적인 제약을 벗어나 보다 효율적인 방법으로 수많은 독자, 시청자들과 소통할 수 있었고, 글로벌 매크로 시장 상황이나 채권 운용 전략에 대한 실시간 공유가 가능하게 되었다.

필자는 이 책을 통해 각종 글로벌 매크로 경기 상황을 분석하는 방법을 소개하고, 현재의 국면에서 수집되는 지표 및 데이터를 활용하여 어떠한 방식으로 채권을 선별하고 투자하는지를 전달하고자 한다. 아울러 대부분의 현대인에게 중요한 자산 배분 및 운용에 있어서 채권의 중요성과 효용성을 강조하고자 한다.

모쪼록 본 책을 접하는 독자들에게 지난 20년간의 실전 채권 투자 경험을 조금이나마 전달할 수 있는 계기가 되었으면 한다.

차례

1부 채권 투자, 새로운 투자 사이클의 시작

2부 금리만 알면 채권 투자가 쉬워진다

3부 지금은 국채의 시간

4부 시장에서 바로 써먹는 채권 투자 실전 노하우

1부

채권 투자,
새로운 투자 사이클의 시작

1장

왜 채권에
투자해야 할까?

채권이란 무엇인가?

채권 투자란 기본적으로 특정 기업이나 정부 등 채무자에게 돈을 빌려주는 행위다. 채권을 구매한다는 것은 그 채무자가 제시한 조건에 따라 일정 금액을 빌려주고, 이에 대한 이자를 정기적으로 받으며, 만기일에는 원금을 돌려받는다는 약속을 기반으로 한 투자다.

1. 채무자가 제시한 조건에 따라 일정 금액을 빌려준다.
2. 이에 대한 이자를 정기적으로 받는다.
3. 만기일에는 원금을 돌려받는다.

예를 들어, 100달러를 채권에 투자한다고 해보자. 그러면 채무자는 "매년 5%의 이자를 드리겠습니다"라는 약속을 한다. 따라서 매년 5달러의 이자를 받게 되고, 만기가 되면 투자했던 100달러의 원금을 다시 돌려받는다. 이를 통해 채권 투자자는 정기적인 수익(이자)을 얻고, 만기 시점에 원금을 회수한다.

그리고 채권은 이자율, 만기, 원금 상환이 명시된 채무 증서로 볼 수 있다. 투자자는 이 약속을 신뢰하고 돈을 빌려준다. 또 채권 발행자는 그에 맞춰 이자를 지급하고 만기에 원금을 상환하는 의무를 지게 된다.

채권의 구성 요소는 다음과 같다.

(1) 발행자: 채권을 발행하여 자금을 조달하는 주체다. 기업, 정부, 지방자치단체 등이 채권을 발행할 수 있다.

(2) 액면가Face Value : 채권의 원금이다. 투자자는 만기 시 이 액면가를 상환받게 된다. 일반적으로 1,000달러 또는 100만 원 단위로 발행된다.

(3) 이표Coupon : 채권에서 정기적으로 지급하는 이자다. 이자는 매년 또는 분기별로 지급될 수 있으며, 고정 이자율이나 변동 이자율로 설정될 수 있다.

(4) 만기Maturity : 채권의 기한이 종료되는 시점으로, 이때 투자자는 원금을 상환받는다.

(5) 듀레이션Duration : 금리 변동에 따른 채권 가격의 민감도를 나타내

며, 이자가 지급되는 빈도와 액수에 따라 듀레이션이 달라진다.

(6) 채권 가격^{Bond Price}: 채권의 시장 가격이다. 금리가 변동하면 채권 가격도 변동한다. 금리가 상승하면 채권 가격은 하락하고, 금리가 하락하면 채권 가격은 상승한다.

만기와 듀레이션의 차이

이 중에서 만기와 듀레이션은 채권 투자에서 매우 중요한 개념이다. 이 개념을 알면 금리가 변할 때 채권 가격이 얼마나 민감하게 반응하는지 이해할 수 있다.

먼저 만기는 채권 발행자가 원금을 상환해야 하는 기간을 의미한다. 예를 들어, 30년 만기 채권은 발행 후 30년이 지나면 채권 보유자는 원금을 돌려받게 된다. 만기 기간에 발행자는 정기적으로 이자를 지급한다. 그리고 만기 시점에 원금을 상환한다.

한편, 듀레이션은 만기와 달리 투자 자금의 평균 회수 기간을 의미한다. 중간에 이자 지급이 없는 채권은 만기와 듀레이션이 동일하다. 하지만 중간에 이자를 받는 경우에는 듀레이션은 만기보다 짧아지게 된다.

채권 듀레이션에 대한 일반적 규칙

1. 이표 채권 듀레이션은 항상 만기보다 짧다.

2. 채권의 이표가 낮을수록 듀레이션은 길어진다.

3. 만기가 길수록 채권 듀레이션은 길어진다.

듀레이션이 채권에서 중요한 이유는 무엇일까? 채권 투자 후, 금리가 변할 때 채권 가격이 얼마나 크게 변하는지를 알려주기 때문이다. 즉 금리가 1% 변동할 때 채권 가격이 얼마나 변하는지를 듀레이션으로 측정할 수 있다. 예를 들어 듀레이션이 1.0인 채권은 금리가 1% 변동할 때 채권 가격이 1% 변동한다. 또 듀레이션이 30.0인 채권은 금리가 1% 변동할 때 채권 가격이 30% 변동한다.

일반적으로 듀레이션이 길수록 금리에 민감하다. 금리가 올라가면 채권 가격이 하락하고, 금리가 내려가면 채권 가격이 상승한다.

금리 상승 → 채권 가격 하락

금리 하락 → 채권 가격 상승

일반적으로 채권의 듀레이션은 만기와 비례한다. 만기가 길수록 듀레이션도 길어진다. 그러나 듀레이션은 만기보다 짧은 경우가 많다. 그 이유는 대부분의 채권이 만기 전에 정기적으로 이자를 지급하기 때문이다.

쿠폰(이표)이 없는 채권의 경우, 만기와 듀레이션은 동일하다. 예를 들어, 30년 만기 채권에서 중간에 이자를 받지 않고 만기 시점에 원금과 이자를 한꺼번에 받는 구조라면, 이 채권의 듀레이션도 30년이다. 중간에 현금 흐름이 없으므로, 만기 시점까지 기다려야만 모든 현금 흐름을 받을 수 있기 때문이다.

반면 쿠폰을 정기적으로 지급하는 채권은 중간에 이자를 받기 때문에, 투자자는 그 이자를 통해 현금 흐름을 미리 회수할 수 있다. 이로 인해 듀레이션이 더 짧아지게 된다.

예를 들어, 30년 만기 채권에서 매년 2%의 이자를 받는 경우와 매년 10%의 이자를 받는 경우를 비교해보자. 이 경우 매년 10%의 이자를 받는 채권이 더 많은 현금을 일찍 회수하게 되어 듀레이션이 더 짧아진다.

이것은 듀레이션이 '가중 평균 자금 회수 기간'을 의미하기 때문이다. 중간에 받는 이자가 많을수록 그만큼 투자자는 자금을 일찍 회수하게 되어, 채권의 가격이 금리 변화에 덜 민감하게 반응하게 된다.

채권이 예금보다 좋은 이유

채권은 투자 상품이라는 측면에서는 주식과 같은 속성이 있다. 하지만 사실상 채권은 주식보다는 예금과 더 공통점이 많다.

예금은 영어로 '타임 디파짓Time deposit'이라고 한다. 시간에 비례해서 시간에 투자하는 것이다. 채권은 영어로 '본드Bond'라고도 하지만 해외 전문 기관들은 '픽스드 인컴Fixed income', 즉 '확정 수익'이라고 부르기도 한다. 즉 채권과 예금 모두 다 일정한 시간이 지나면 일정한 이자를 받는다는 면에서 공통점이 있다.

좀 더 구체적으로 예금과 채권의 공통점은 크게 두 가지다.

첫 번째는 둘 다 기간이 있다는 것이다. 예금도 1년짜리, 3년짜리, 10년짜리가 있는 것처럼 채권도 1년짜리, 3년짜리, 10년짜리가 있다. 만기가 되면 기본적으로 투자 원금을 다 돌려받는 것이다.

두 번째는 투자한 기간에 이자가 붙는다는 것이다. 예금 만기에 이자를 받는 것처럼 채권도 돈을 맡기는 동안 이자가 있다.

그럼 채권이 예금과 다른 점은 무엇일까? 예금과 채권의 차이점을 다섯 가지 관점에서 볼 수 있다.

1. 보유 기간 중 가격 상승 가능성

만일 예금과 채권이 동일한 만기를 갖고 수익률도 동일하게 5%라고 가정해보자. 예금은 만기에 받는 원리 금액이 무조건 확정이다. 채권도 만기까지 확정이긴 하지만, 채권은 확정 이자보다 더 큰 수익을 남기고 중도에 매각할 수 있다. 중간에 상황에 따라 확정 금리보다 더 큰 수익을 실현할 기회가 열려 있는 것이다. 예를 들어 10년짜리 채권을 만기까지 보유한다면, 채권의 수익은 이자 수익과 매각 차익(할인 차익)이다.

채권 발행 후, 만약에 금리가 2~3년 동안 계속 올라가면 채권 가격은 하락할 것이다. 1만 원짜리 채권이 발행된 후 금리가 올라가서 8천 원으로 가격이 하락했다고 해보자. 이때 채권을 사서 만기까지 보유한다면 1만 원에 상환받을 수 있고, 2천 원이 할인 차익(비과세)이 된다.

또 만일 10년짜리 채권을 매수하여 보유하고 있다가 일정 기간이 지난 후에 국채 가격이 올라간다면? 그때 매도하면 매매 차익(비과세)이 생긴다.

시중 금리가 오르면 채권 가격은 하락한다. 반면 금리가 내려가기 시작하면 채권 가격은 올라간다. 그렇다면 가장 좋은 투자 타이밍은 금리의 정점 부근이 된다. 이자 수익도 확보하고, 보유 기간 중간에 금리가 내려가면 채권 가격도 비싸질 테니, 중간에 매각 차익도 기대할 수 있다.

2. 만기 전 조기 회수 가능성

예금 같은 경우는 반드시 약속된 만기까지 보유해야만 확정 수익을 가져올 수 있다. 반면 채권은 만기 전이라도 평가 이익이 발생하면 중도에 매도하여 자금을 회수할 수 있다.

시중 금리가 올라가면 내가 들고 있는 채권 가격이 하락하는 상황이 발생할 것이다. 그러면 평가 손해가 발생하는데, 이럴 때는 예금처럼 만기까지 들고 가면 된다. 반면에 시중 금리가 내려가는 상황이면 내가 들고 있는 채권 가격이 상승할 것이다. 이때는 평가 이익이 발생하면 중간에 팔아서 매매 차익을 얻으면 된다.

3. 정기적인 현금 흐름

5년짜리 예금이라 가정하면 5년 동안 중간에는 현금의 흐름이 없다. 만기가 되는 시점에 모든 이자가 다 들어온다. 반면 채권은 정기적으로 이자가 들어온다. 일반 회사채 같은 경우에는 3개월마다 이자가 들어오고, 국채는 6개월마다 이자가 들어온다. 이처럼 국채는 정기적으로 현금 흐름이 창출된다는 점에서 예금과는 차이가 있다.

4. 절세 효과

예금은 이자가 전액 종합소득세로 잡힌다. 그러다 보니 예금은 절세 효과가 거의 없다고 봐도 무방하다. 반면 채권은 세금을 절약할 방법이 많다. 예금 이자가 4%고 국채도 만기 수익률이 연 4%라고 가정했을 때, 예금은 4% 전액이 다 과세 대상이다.

반면 연 4% 정도 나오는 채권이라면 수익을 다양한 방식으로 얻을 수 있다. 예컨대 기존에 발행돼 있던 채권이 현재 좀 싸게 거래되는 것 같다면, 저가로 매수해서 만기까지 보유하면 할인 차익이 발생한다.

좀 더 구체적인 예를 들어보자. 원래 1만 원짜리 채권인데 금리가 많이 올랐고, 그래서 8천 원에 해당하는 채권을 샀다고 해보자. 그러면 만기가 되었을 때 다시 1만 원을 돌려받는다.

결국 2천 원만큼의 할인 차익이 생기는 건데, 이건 비과세다. 더욱이 중간에 채권을 팔아서 얻는 매매 차익도 현재 비과세다. 그러므로 예금은 절세할 방법이 거의 없는 반면, 채권은 다양한 형태로 절세할 수 있다.

5. 신용상의 안전성

예금은 은행이 파산하는 경우에 예금보험공사가 5천만 원까지 보장해준다. 채권은 예금자보호법 대상이 아니다. 그러면 더 위험한 것 아닌가? 회사채의 경우 그 채권을 발행한 회사가 부도가 나면 그 돈은 다 날아가는 것이니 말이다. 그런데 국채는 정부가 발행하는 것이다. 이론적으로 은행은 파산할 수 있지만 정부는 파산할 수 없다. 그러므로 국채가 더 안전하다.

주식보다 안전한 채권 투자

채권이 예금보다 좋은 건 알겠는데, 주식보다도 좋을까? 주식과 비교해 채권의 장점을 네 가지로 정리할 수 있다.

첫 번째, 누가 뭐래도 주식보다 채권이 안전하다. 이는 채권의 가격 변동성이 주식의 가격 변동성보다 낮다는 의미다.

두 번째, 채권에는 시간 가치가 있다. 즉 일정한 시간이 흘러가면 자동으로 이자 수익이 들어오는 게 채권의 장점이다. 주식은 오랫동안 보유한다고 해서 시간에 대한 수익이 들어오는 게 아니다. 반드시 가격이 올라야만 수익이 난다. 하지만 채권은 가격이 오르지 않고 제자리걸음을 한다고 하더라도 시간이 흘러가면 이자가 계속 쌓여 발생하는 시간 가치를 얻을 수 있다.

세 번째, 주식은 변동성이 굉장히 크다 보니 빠른 시일 내에 쓸 돈은 투자하기가 힘들다. 반면 채권은 변동성도 상대적으로 낮고 기대 수익도 정해져 있다. 그렇기 때문에 주식보다는 훨씬 더 용이하게 재무 계획을 세울 수 있다.

마지막으로, 기본적으로 주식은 경제가 나빠지면 이론상 가격이 하락한다. 그런데 채권, 특히 국채는 경제가 안 좋아질수록 가격이 상승한다.

투자를 할 때는 항상 두 가지를 봐야 한다. 하나는 기대 수익률이다. '이걸 투자하면 몇 프로 정도 기대할 수 있나?' 하는 것이다. 다른 하나는 위험성이다. '얼마나 손실이 발생할 가능성이 있는가?'를 봐야 한다. A투자가 10%를 달성할 때, B투자는 동일한 수익을 얻기 위해 두 배에 달하는 변동성을 감수해야 한다면, B투자는 대안으로서 매력을 잃을 것이다. 그래서 이 두 가지를 동시에 봐야 한다.

예를 들어보자. A라는 투자가 있고 B라는 투자가 있다. 기대 수익이 똑같이 10%다. 둘 다 1년 동안 투자했을 때 한 10%의 수익이 기대된다. 기대 수익이 똑같으니 그다음으로는 위험, 즉 변동성을 봐야 한다. A투자는 변동성이 5%인데 B투자는 10%라고 해보자. A투자가 10%를 달성하는 과정에서 이 정도 변동성을 가진다면 B투자는 변동성이 훨씬 더 클 것이다.

그러면 당연히 변동성이 낮은 A를 선택해야 한다. 기대 수익은 똑같이 10%지만, 그 10%를 달성하는 과정에 위험이 적은 게 훨씬 좋

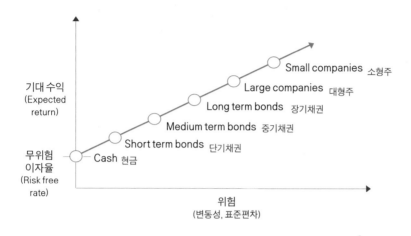

채권의 장점: 주식보다 적은 위험

기대 수익
(Expected
return)

무위험
이자율
(Risk free
rate)

Cash 현금

Short term bonds 단기채권

Medium term bonds 중기채권

Long term bonds 장기채권

Large companies 대형주

Small companies 소형주

위험
(변동성, 표준편차)

은 투자가 된다.

다른 예를 보자. A투자의 기대 수익률은 10%, B투자의 기대 수익률은 5%다. 반면에 변동성은 둘 다 똑같이 5%라고 해보자. 그러면 둘 다 수익을 달성하는 과정에서 리스크는 비슷하니까 기대 수익이 높은 A가 더 좋은 선택이 될 것이다.

기대 수익이 높을수록 변동성이 높고, 기대 수익이 낮을수록 변동성이 낮다. 일반적으로 현금이 가장 위험도 없고 가장 안전하다. 그리고 채권은 단기 채권, 중기 채권, 장기 채권으로 갈수록 상대적으로 기대 수익도 증가하는 반면 변동성도 커진다.

또 채권보다는 주식이 기대 수익도 높고 변동성도 크다. 대형주보다는 중소형주가 기대 수익은 더 높지만 변동성도 더 크다. 그래서 안전성에 더 높은 가치를 두고 투자하고자 하는 사람에게는 주식보다 채권이 더욱 적합하다.

그래서 투자 또는 포트폴리오의 성과를 평가할 때 MDD(Maximum Drawdown, 최대 낙폭)라는 게 중요한 지표로 사용된다. MDD란 특정 기간 자산의 최고점에서 최저점까지의 가장 큰 손실을 측정한 값이다. 일반적으로 채권은 주식보다 MDD가 낮은 경향이 있다.

채권은 시간 가치가 중요하다

채권 투자에서 시간 가치는 매우 중요한 개념이다. 주식을 장기 투자한다고 해도 가격이 오르지 않으면 수익이 없다. 반면 채권은 기본적으로 이자가 계속 들어오기 때문에 시간에 비례해서 계속 수익이 쌓인다.

어떤 투자자는 '나는 시간 가치만 가져가고 싶어. 가격 변동하는 건 싫어'라고 생각할 수 있다. 그러면 이 투자자는 채권을 투자 대안으로 선택할 수 있다. 채권을 만기까지만 들고 가면 무조건 예금처럼 이자가 다 들어오기 때문이다.

예를 들어 10억을 5년만 투자하고 싶다고 해보자. 그런데 채권의 이자가 4%다. 그럼 10억을 투자하면 매년 4천만 원씩 계속 이자를 받는다. 시간에 비례해서 내가 받는 이자가 계속 늘어간다. 그리고 만기에는 예금처럼 원금을 돌려받는다.

채권은 내가 쭉 들고만 가도 이자가 나온다. 이게 바로 시간 가치가 있다는 뜻이다. 그러니 변동성은 싫고 오로지 시간 가치만 얻고 싶다면 만기까지 들고 가면 된다.

만약 채권의 가격 변동 폭까지도 감안해서 종합적으로 투자한다면 시간 가치가 어떻게 될까? 금리가 올라가면 채권 가격은 하락한다. 반면 금리가 내려가면 들고 있는 채권의 가격이 상승한다. 여기에 시간 가치가 반영되면 어떻게 될까?

예를 들면 듀레이션이 1년이라 해보자. 듀레이션이 1년이라는 것은 금리가 1% 움직일 때 채권 가격도 1% 반대로 움직인다는 뜻이다. 시중 금리가 1% 오르면 내가 들고 있는 채권의 가격이 1%가 빠진다. 반면 금리가 1% 내리면 채권 가격이 1% 상승한다.

그런데 실제로 채권 투자를 하게 되면 듀레이션 효과와 시간 가치인 이자가 합쳐지므로 더 큰 수익을 본다. 미국 국채 30년짜리, 10년짜리, 2년짜리를 예로 들어보겠다. 채권은 단기보다 장기가 더 큰 수익을 얻는다는 것도 기억하자.

만일 액면 이자가 5%인 채권을 보유하고 있고, 1년이 경과한 시점에서 시장 금리가 1% 하락했다면 어떤 결과가 나올까?(1년은 경과해야 이자가 들어온다는 걸 명심하자.) 만기 2년짜리는 6.6%, 10년짜리는 12.6% 30년짜리는 무려 22.5%의 수익이 나온다. 이 수익에는 시간 가치와 상승한 가격이 다 반영된 것이다.

그럼 금리가 1% 상승했을 때는 채권 가격이 어떻게 될까? 원래 금리가 상승하면 채권 가격이 하락한다. 그런데 실제로 계산해보니

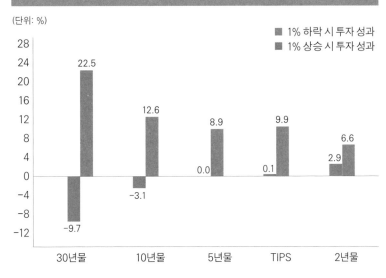

(단위: %)

■ 1% 하락 시 투자 성과
■ 1% 상승 시 투자 성과

출처 : JP모건, 2024. 6. 30기준

2년짜리의 경우 수익률이 2.9%다. 왜 그럴까? 모든 채권은 시간 가치와 가격의 변동 폭이라고 했다. 금리가 1% 올랐기 때문에 채권 가격은 약간 하락했지만 이자는 들어왔다. 1년 동안 들고 있으니 이자로 인해 가격 하락이 어느 정도 상쇄된 것이다.

반면에 장기 채권 같은 경우는 동일하게 금리가 올라가더라도 가격 손실 폭이 크기 때문에 손해를 볼 수 있다. 그런데 금리가 1% 내렸을 때는 많이 오르고, 1% 상승했을 때는 이보다는 훨씬 적게 손실을 본다. 시간 가치라는 버퍼가 쌓여서 가격 손실 폭을 줄였기 때문이다.

강조하건대, 채권에 투자하면서 시간 가치를 향유하기 위해서는 적어도 1년 정도는 들고 있어야 한다. 그래야 가격이 하락한다고 하더라도 이자가 들어오면서 손해를 상쇄할 수 있다.

흔히 채권의 가격이 움직이는 것만 생각하는데 실제로 좀 길게 가져가면 시간 가치가 반영된다. 그러면 가격이 하락할 때도 하락 폭을 줄여준다. 반면 가격이 금리가 내려서 채권 가격이 올라갈 때는 추가로 더 큰 수익을 누릴 수 있다. 그래서 채권의 시간 가치는 정말 중요하다.

채권 대전환의 경고음

채권 랠리가 시작될 때

채권 랠리는 채권 가격이 꾸준히 상승하는 현상을 말한다. 그리고 여기서 말하는 채권은 글로벌 채권 시장의 대표격인 미국 국채 Treasury를 의미한다. 그럼 과연 국채 랠리는 언제 나타날까?

일반적으로 시장에서 경제가 계속 좋을 것이고 금리가 내리지 않을 거라는 노랜딩No Landing 기대가 있을 때, 주식 시장이 강세를 보이지만, 시장 분위기가 하드랜딩Hard Landing 쪽으로 바뀌게 되면 본격적인 국채 랠리가 시작될 수 있다.

이 두 개념을 파악하는 데 있어서 PMI(구매관리자지수)는 매우 중요한 선행 지표 중 하나다.

PMI 지표에는 두 가지가 있는데, 특히 미국에서 중요하게 여기는 것은 ISM 제조업 지표다. ISM 제조업 지표에서 50을 기준으로 50 아래는 경기 수축을, 50 위는 경기 확장을 의미한다. 이 ISM 제조업 지표는 국채 성과와 글로벌 주식 성과와 매우 밀접한 관계가 있다. 즉 ISM 제조업 지표가 하락하면 국채가 주식보다 더 나은 성과를 보이고, 지표가 상승하면 주식 성과가 더 좋게 나타난다.

이는 당연한 결과로, 제조업 지표가 경기를 반영하기 때문에 경기가 나빠지면 주식은 하락하고 국채는 상승한다. 반대로 경기가 좋아지면 주식 성과는 좋아지고 채권은 덜 매력적으로 된다.

최근 PMI 지표는 추세적으로 하락하는 국면에 있다. 이렇게 PMI 지표가 하락하는 국면에서는 주식보다는 채권(특히 국채)이 더 나은 성과를 보일 가능성이 커진다. 앞으로 PMI 지표가 어떻게 될지 자세히 살펴볼 필요가 있다. PMI 지표와 주식, 채권의 성과에는 매우 중요한 연관성이 있기 때문이다.

2024년 6월 기준으로 PMI 지표는 잠시 회복되다가 전월에 50을 넘었다가 다시 48로 하락했다. 이것이 일시적인 현상인지, 추세적으로 하락하는지를 알아보려면 PMI의 선행 지표인 신규주문지수를 살펴봐야 한다. 이 지표가 하락하면 제조업 PMI가 향후 더 하락할 가능성이 크다. 즉 ISM 제조업 지표를 기준으로 보면, 제조업 경기가 더 악화할 가능성이 크며, 이는 국채에는 오히려 긍정적인 뉴스가 될 수 있다.

지금까지의 이야기는 국채에 적용되는 상황이고, 회사채Credit를 살펴본다면 다르게 적용해야 한다. 회사채에는 투자 적격^{IG} 채권과 투자 부적격, 즉 하이일드 ^{High Yield, HY} 채권이 있다. PMI 지표를 기준으로 시장 국면을 네 가지로 나눌 수 있다.

ISM 50을 기준으로,

50 아래에서 회복되는 국면

50 위에서 더 좋아지는 국면

50 위에서 둔화되는 국면

50 아래에서 더 나빠지는 국면

2024년 6월 PMI 지표는 48 수준에 있었고, 선행 지표로 볼 때 더 하락할 가능성이 컸다. 이는 제조업 PMI가 경기 수축(컨트랙션) 국면에 들어섰다는 것을 의미한다. 하이일드 채권은 PMI가 50 아래에서 바닥을 찍고 회복될 때 가장 좋은 성과를 보이지만, PMI가 더 하락할 때는 성과가 부진해진다. 따라서 슬로다운 ^{slow-down} 또는 경기 수축 국면에 들어간다고 판단하고 회사채 비중을 줄이는 것이 바람직하다.

장단기 금리가 역전되었다는 것의 의미

'금리 곡선 ^{Yield Curve}'이라는 것이 있다. 이는 횡축에 다양한 만기를 표시하고, 종축에 금리 수준을 두어, 다양한 만기별로 수익률의 추이를 시각적으로 나타낸 것이다. 보통 단기 채권에서 장기 채권으로 갈수록 금리가 상승하는 형태를 보이는데, 이는 투자자들이 장기 투자에 대해 더 높은 금리를 요구하기 때문이다.

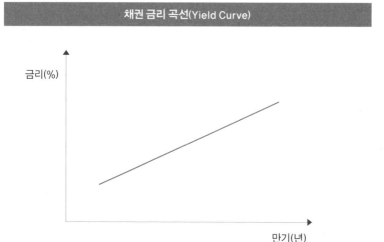

채권 금리 곡선(Yield Curve)

채권을 발행하는 사람은 돈을 빌리는 사람이고, 채권에 투자하는 사람은 돈을 빌려주는 사람이다. 만약 필자가 1,000만 원을 3개월 뒤에 갚는 조건으로 대출을 받는다면, 투자자는 비교적 리스크가 적기 때문에 금리를 낮게 받을 수 있다. 반면 같은 금액을 5년 뒤에 갚는 조건이라면, 투자자는 돈을 오랜 기간 빌려주는 것이므로 더 높은 금리를 요구하게 된다.

이렇게 만기가 길어질수록 투자자는 리스크와 기회비용이 커지기 때문에, 장기 채권 금리는 보통 단기 채권 금리보다 높다. 이는 경제가 정상적일 때 나타나는 금리 곡선의 형태로, 이를 '정상 금리 곡선 Normal Yield Curve'이라고 한다.

(1) 단기 금리: 예를 들어, 3개월짜리 채권 금리가 3%일 수 있다. 이는 단기적으로 돈을 빌려주는 것이기 때문에 투자자는 낮은 금리로도 충분히 만족할 수 있다.

(2) 장기 금리: 반면 10년짜리 채권 금리는 5%일 수 있다. 이는 투자자가 오랜 기간 동안 자금을 묶어두는 대신 더 높은 수익을 요구하는 상황이다.

이처럼 일반적인 상황에서는 만기가 길수록 금리도 점차 높아지며, 이는 채권 투자에서 기회비용과 장기적인 불확실성을 반영한다.

금리 곡선은 장기 금리와 단기 금리의 관계를 시각적으로 보여주는 도구다. 정상적인 상황에서는 장기 금리가 단기 금리보다 높다. 투자자들이 장기 투자에 대해 더 많은 보상을 요구하기 때문이다.

예를 들어, 10년짜리 국채의 금리가 5%이고, 3개월이나 2년짜리 국채의 금리가 3%라면, 금리 곡선은 우상향하는 것이 일반적이다. 이렇게 장기 금리가 더 높은 것이 정상적인 경제 상황에서의 금리 곡선이다.

그런데 장단기 금리가 역전되는 경우가 있다. 이는 단기 금리가 장기 금리보다 높아지는 비정상적인 상황을 의미한다. 이럴 때는 역전 금리 곡선이 나타난다.

이는 보통 경제가 침체에 접어들 가능성이 있을 때 나타나며, 투자자들이 장기 채권을 더 선호하게 되면 발생한다.

우리가 장단기 국채 금리라고 할 때 장기 금리에 해당되는 게 10년짜리 국채 금리다. 단기 채권은 크게 두 가지다. 보통의 경우에는 3개월짜리 금리가 단기 채권이고, 국채 금리를 이야기할 때는 2년짜리를 말한다.

원래는 장기 금리가 더 높아야 정상이다. 예를 들어, 10년물 국채 금리가 5%라면, 단기 금리는 3개월일 수도, 2년일 수도 있지만, 3%가 되는 게 정상적인 것이다. 그런데 이게 거꾸로 될 수 있다. 예를 들어 10년물 국채 금리가 4%인데, 2년물 국채 금리나 3개월물 국채 금리가 5%라면, 이 차이는 마이너스가 된다. 즉 장단기 금리 역전이 발생한 것이다.

장단기 금리 역전은 중요한 경제 신호로 해석된다. 보통 채권 시장에서 장단기 금리가 역전되면 일정한 시간이 경과한 다음에 경기 침체가 온다고 한다. 경기 침체를 예측하는 모델 혹은 지표 중에서 가장 신뢰를 많이 얻고 또 가장 많이 활용되는 게 장단기 금리 차다.

역사적으로도 장단기 금리 역전은 경기 침체의 강력한 예측 지표로 알려져 있다. 특히 10년물 국채와 3개월물 국채의 금리 차이가 역전되면, 100년간의 미국 역사에서 경기 침체가 100% 발생했다.

10년물 국채와 2년물 국채의 금리 차이도 경기 침체를 예측하는 중요한 지표다. 1950년 이후 미국의 경기 침체가 10번 발생했는데, 그중 9번이 장단기 금리 역전으로 설명되었다. 따라서 10년물 국채와 2년물 국채의 금리 차 역전은 경기 침체의 90% 정확도를 가지고 있다.

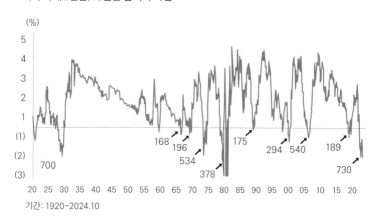

역사상 가장 긴 장단기 금리 역전 상황

미국 국채 2년물/10년물 금리차 곡선

기간: 1920-2024.10

　2024년 2분기 기준 10년물 국채와 2년물 국채의 금리 차이를 보면 역전된 상태다. 이는 장기 금리가 단기 금리보다 낮다는 뜻이다. 1920년 이후로 총 10번 정도의 금리 역전이 있었는데, 현재는 그중 가장 긴 기간 동안 역전이 지속되고 있다.

　또한 10년물 국채와 3개월물 국채의 금리 차를 보면, 1920년 이후 역전됐을 경우 경기 침체에 들어가지 않은 적이 없다. 평균적으로 10년물 국채와 3개월물 국채의 금리 역전 이후 5개월 후에 경기 침체가 왔지만, 이번에는 24개월이 지나도록 아직 침체가 발생하지 않았다. 그럼에도 불구하고 장단기 금리 역전은 여전히 경기 침체를 예측하는 매우 중요한 바로미터로 평가된다.

그러나 10년물과 2년물의 금리 역전이 발생했다고 해서 반드시 경기 침체가 온다는 것은 아니다. 몇몇 예외적인 경우도 있었기 때문에, 필요충분조건은 아니라는 점을 염두에 두어야 한다. 다른 경제 지표와 함께 종합적으로 판단해야 한다.

그런데 10년물 국채 금리와 3개월물 국채 금리 사이의 금리 역전에 주목할 필요가 있다. 2024년 10월 기준으로 장단기 금리 차를 보면, 3개월물 국채 금리가 약 4.7% 수준이고, 10년물 국채 금리는 4.3% 정도다. 즉 단기 금리가 장기 금리보다 높아진 역전 현상이 분명히 나타나고 있다.

장단기 금리 차가 해소될 때가 기회다

장단기 금리 역전이 발생하는 이유는 단기 금리와 장기 금리가 다른 속성을 가지고 있기 때문이다.

단기 금리는 연방준비제도FRB(이하 '연준')의 금리 정책에 직접적으로 연동된다. 연준이 금리를 인상하면, 단기 금리도 함께 상승한다. 이는 연준이 통화 정책을 통해 경제에 미치는 즉각적인 영향을 반영하는 것이다.

반면 장기 금리는 시장 참여자들이 예상하는 중장기적인 경제 전망에 따라 결정된다. 이는 시장이 미래의 경제 상황에 대해 어떻게 예측하는지에 따라 달라진다. 만약 시장이 향후 경제가 둔화될 것으로 본다면, 장기 금리는 낮아진다.

연준은 2022년부터 2년 이상의 기간에 걸쳐 긴축 정책을 이어갔었다. 이로 인해 단기 금리는 빠르게 상승한 반면, 시장은 중장기적으로 경제가 둔화될 가능성을 반영하여 장기 금리는 상대적으로 낮게 유지되고 있다.

특히 10년물 국채와 3개월물 국채의 금리 차를 볼 때, 3개월물 금리는 연준의 기준 금리에 연동된다. 즉 단기 금리가 높고, 장기 금리가 낮다는 것은 연준이 과도한 금리 인상을 단행하고 있다는 의미다. 단기 금리는 연준의 금리 정책에 의해 높아지고, 장기 금리는 시장의 매크로 경제 상황을 반영한다.

따라서 장단기 금리 차가 역전된다는 것은 연준이 금리를 너무 많

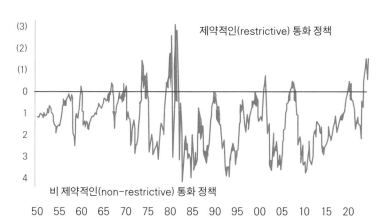

미국 국채 10년물-3개월물 금리

이 올려 경제에 부담을 주고 있다는 신호로, 이는 곧 경기 침체로 이어질 수 있다.

아래 도표는 지난 70년간의 미 연준 금리 곡선과 경기 침체 구간이다. 연준이 금리 수년간 긴축했을 때, 어떨 때는 소프트랜딩으로 끝났고 어떨 때는 하드랜딩으로 끝났다. 회색 부분에서는 소프트랜딩으로 끝나서 경기 침체에 들어가지 않았고, 나머지 구간들, 과도한 긴축 때는 모두 다 경기 침체로 들어갔다. 현재는 오랜 기간 금리를 인상한 상태인데, 2000년 이후에 이 정도로 금리 인상을 했을 때는 전부 경기 침체로 들어갔었다.

2024년 9월 이전까지 연준의 긴축 정책으로 금리가 5% 이상으로 빠르게 인상되어 유지되었다. 현재 금리 인하가 막 시작된 상황에

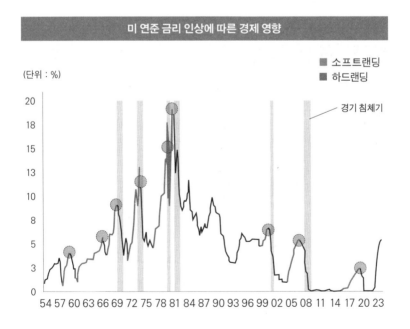

서, 두 가지 예상되는 시나리오가 있다.

(1) 소프트랜딩^{Soft Landing} : 연준이 금리를 적절하게 인하하여 경제
　　가 침체 없이 안정적으로 회복되면, 국채 수익률이 제한적으
　　로 하락하여 국채 가격이 다소 상승할 수 있다.
(2) 하드랜딩^{Hard Landing} : 연준이 금리 인하 정책에 실패하여 경제가
　　심각한 침체에 빠지면, 국채 수익률이 급격히 하락하여 국채
　　가격이 크게 상승할 수 있다.

단기 금리가 급격하게 하락함으로써 장단기 금리 차가 역전된 상
태가 해소되는 것을 '가파른 금리 곡선^{Steepening Yield Curve}'이라고 한다.
장단기 금리가 정상 금리 곡선으로 우상향으로 바뀌는 것이다. 이럴

10-2년 채권 금리 차이

경기 침체기

때는 회사채보다는 국채에 투자하는 것이 유리하다.

과거에도 장단기 금리 차가 역전됐다가 다시 정상화될 때 회사채는 약세를 보였고, 국채는 랠리를 보였다. 특히 투자 부적격 하이일드 채권은 장단기 금리 차가 정상화되는 과정에서 가산 금리가 크게 확대되므로 위험이 커진다.

예를 들어 2000년에 금리차가 마이너스 40bps에서 258bps로 우상향 전환되었는데, 이때 가산 금리가 확대됐다. 하이일드 채권의 경우에는 큰 폭으로 가산 금리가 확대된다는 뜻이다. 이렇게 되면 국채 대비 가산 금리가 상승하여 가격이 하락하게 된다.

이처럼 장단기 금리가 많이 역전되어 있다가 다시 금리 커브가 정상화되면 회사채는 약세를 보인다. 회사채 가산 금리가 벌어진다는 것은 국채 금리는 내려간다는 뜻이고, 국채 금리가 내려가면 국채 가격이 올라간다는 뜻이다.

따라서 이런 시장 상황에서는 국채에 대한 투자가 유리하며, 경기 침체에 진입하는 경우 국채 랠리가 강하게 나타날 가능성이 크다.

3장

10년 만에
기회가 오고 있다

2025년 금리인하, 채권투자 기회

채권투자 매력을 점검할 때는 크게 두가지 부분으로 구분하여 평가할 수 있다. 첫째는 얼마나 높은 이자수익을 제공하지 여부이며, 둘째는 얼마나 많은 채권 매각 차익 기회가 있는지 여부다.

2025년에도 채권을 투자해야 해야 하는 첫 번째 이유는, 2024년 11월 기준으로 미국 채권 금리가 2000년 초반 이후 가장 높은 수준이라는 것이다. 최근 트럼프가 미 대선에서 승리하면서 채권 금리가 재차 상승하여, 미국 10년 채권 금리는 4.3~4.5% 수준이다. 이는 2006년 이후 가장 높은 금리 수준이다.

특히 미 연준이 금리 인상을 시작했던 2022년 초반대비 글로벌 채

미국 10년 국채금리

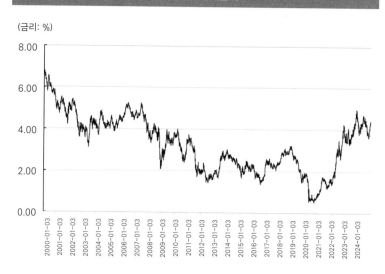

(금리: %)

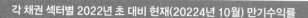

각 채권 섹터별 2022년 초 대비 현재(20224년 10월) 만기수익률

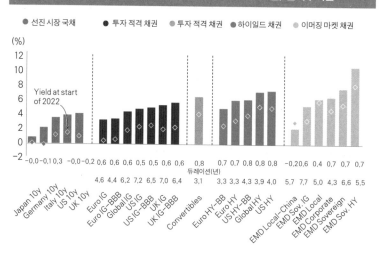

권금리는 채권섹터 구분 없이 모두 높아졌다.

미국 10년 국채 금리는 2022년 당시보다 현재 2% 이상 상승했을

식품 및 에너지

뿐만 아니라, 투자적격 회사채Investment-grade bonds, 하이일드 채권 그리고 이머징마켓 채권EM Bonds 모두 2년 전 대비 금리가 상승했다.

채권 투자자 입장에서 금리 수준이 높은 것이 가장 중요한 투자 매력이다. 즉 높은 수준의 이자 수익을 제공해줄 뿐 아니라 향후 금리 하락 시 상대적 매각 차익도 기대할 수 있기 때문이다.

정리하면, 현재 시점은 금리 수준으로 보면 거의 20년만에 만나는 고금리 상황이다. 위기는 기회다.

두 번째로 2025년에 채권이 매력적인 투자 대상인 이유는 미국을 포함하는 글로벌 인플레이션이 정점을 지나 지속적으로 하락하고 있기 때문이다.

먼저 미국 인플레이션이 앞의 차트에서 보는 봐와 같이 2022년 중

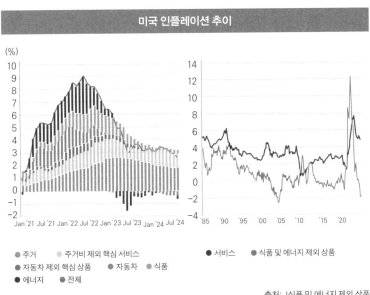

미국 인플레이션 추이

● 주거 ○ 주거비 제외 핵심 서비스 ● 서비스 ● 식품 및 에너지 제외 상품
● 자동차 제외 핵심 상품 ▲ 자동차 ● 식품
● 에너지 ● 전체

출처: J식품 및 에너지 제외 상품

반을 정점으로 지속적으로 하락하고 있어, 2025년 하반기에는 미 연준의 목표 물가인 2% 초반에 도달할 것으로 전망되고 있다.

또한 글로벌 인플레이션도 미국과 비슷하게 하락하고 있다. 다음 표는 JP 모건이 2024년 10월에 발표한 글로벌 국가별 인플레이션 추이다. 표를 보면, 2022년 9월에는 중국을 제외한 모든 국가 높은 인플레이션이었으나, 라틴아메리카와 아프리카 국가를 제외하고 대다수 국가들의 인플레이션이 3% 이하 수준으로 하락했다.

Global inflation — GTM | Europe | 6

Headline inflation
% change year on year

		2022 Sep	Oct	Nov	Dec	2023 Jan	Feb	Mar	Apr	May	Jun	Jul	Aug	Sep	Oct	Nov	Dec	2024 Jan	Feb	Mar	Apr	May	Jun	Jul	Aug
Eurozone	Eurozone	9.9	10.8	10.1	9.2	8.6	8.5	6.9	7.0	6.1	5.5	5.3	5.2	4.3	2.9	2.4	2.9	2.8	2.6	2.4	2.4	2.6	2.5	2.6	2.2
	France	6.2	7.1	7.1	6.7	7.0	7.3	6.7	6.9	6.0	5.3	5.1	5.7	5.7	4.5	3.9	4.1	3.4	3.2	2.4	2.4	2.6	2.5	2.7	2.2
	Germany	10.9	11.6	11.3	9.6	9.2	9.3	7.8	7.6	6.3	6.8	6.5	6.4	4.3	3.0	2.3	3.8	3.1	2.7	2.3	2.4	2.8	2.5	2.6	2.0
	Italy	9.4	12.6	12.6	12.3	10.7	9.8	8.1	8.6	8.0	6.7	6.3	5.5	5.6	1.8	0.6	0.5	0.9	0.8	1.2	0.9	0.8	0.9	1.6	1.2
	Spain	9.0	7.3	6.7	5.5	5.9	6.0	3.1	3.8	2.9	1.6	2.1	2.4	3.3	3.5	3.3	3.3	3.5	2.9	3.3	3.4	3.8	3.6	2.9	2.4
	Greece	12.1	9.5	8.8	7.6	7.3	6.5	5.4	4.5	4.1	2.8	3.5	3.5	2.4	3.8	2.9	3.7	3.2	3.1	3.4	3.2	2.4	2.5	3.0	3.2
	Ireland	8.6	9.4	9.0	8.2	7.5	8.1	7.0	6.3	5.4	4.8	4.6	4.9	5.0	3.6	2.5	3.2	2.7	2.3	1.7	1.6	2.0	1.5	1.5	1.1
Developed	Sweden	10.3	9.8	10.1	10.8	9.6	8.7	8.1	7.7	6.7	6.3	6.3	4.5	3.7	4.0	3.3	1.9	3.4	2.6	2.3	2.4	2.5	1.4	1.7	1.3
	Switzerland	3.2	2.9	2.9	2.7	3.2	3.2	2.7	2.6	2.2	1.8	2.1	1.9	2.0	1.5	1.2	1.1	1.4	1.5	1.3	1.2	1.4	1.3	1.2	1.0
	UK	10.1	11.1	10.7	10.5	10.1	10.4	10.1	8.7	8.7	7.9	6.8	6.7	6.7	4.6	3.9	4.0	4.0	3.4	3.2	2.3	2.0	2.0	2.2	2.2
	US	8.2	7.7	7.1	6.5	6.4	6.0	5.0	4.9	4.0	3.0	3.2	3.7	3.7	3.2	3.1	3.4	3.1	3.2	3.5	3.4	3.3	3.0	2.9	2.5
	Japan	3.0	3.7	3.8	4.0	4.3	3.3	3.2	3.5	3.2	3.3	3.3	3.2	3.0	3.3	2.8	2.6	2.2	2.8	2.7	2.5	2.8	2.8	2.8	3.0
Emerging	China	2.8	2.1	1.6	1.8	2.1	1.0	0.7	0.1	0.2	0.0	-0.3	0.1	0.0	-0.2	-0.5	-0.3	-0.8	0.7	0.1	0.3	0.3	0.2	0.5	0.6
	Indonesia	5.9	5.0	5.4	5.4	5.0	5.2	5.0	4.3	4.0	3.5	3.1	3.3	2.3	2.6	3.0	2.6	2.8	2.8	3.0	3.0	2.8	2.5	2.1	2.1
	Korea	5.5	5.6	5.0	5.0	5.0	4.7	4.2	3.7	3.4	2.7	2.4	3.4	3.7	3.8	3.3	3.2	2.8	3.1	3.1	2.9	2.7	2.4	2.6	2.0
	Taiwan	2.8	2.7	2.4	2.7	3.0	2.4	2.4	2.3	2.0	1.8	1.9	2.5	2.9	3.0	2.9	2.7	1.8	3.1	2.1	1.9	2.2	2.4	2.5	2.4
	India	7.4	6.8	5.9	5.7	6.5	6.4	5.7	4.7	4.3	4.9	7.4	6.8	5.0	4.9	5.6	5.7	5.1	5.1	4.9	4.8	4.8	5.1	3.6	3.7
	Brazil	7.2	6.5	5.9	5.8	5.8	5.6	4.7	4.2	3.9	3.2	4.0	4.6	5.2	4.8	4.7	4.6	4.5	4.5	3.9	3.7	3.9	4.2	4.5	4.2
	Mexico	8.7	8.4	7.8	7.8	7.9	7.6	6.8	6.3	5.8	5.1	4.8	4.6	4.5	4.3	4.3	4.7	4.9	4.4	4.4	4.7	4.7	5.0	5.6	5.0
	South Africa	7.5	7.6	7.4	7.2	6.9	7.0	7.1	6.8	6.3	5.4	4.7	4.8	5.4	5.9	5.5	5.1	5.3	5.6	5.3	5.2	5.2	5.1	4.6	4.4

특히 중국은 물가 지속적으로 하락하는 디플레이션Deflation 상황이 가속화되고 있는 것을 확인할 수 있다.

글로벌 대다수 국가들의 인플레이션 안정화되는 이유는 뭘까? 각국의 중앙은행이 지난 2년 동안 정책 금리 인상을 통화 긴축 정책을 했기에 높은 물가가 하락하는 것이다.

물가 하락은 각국 중앙은행의 정책 금리가 추가적으로 인상하지 않아도 된다는 의미다. 채권 투자자 입장에서는 추가적인 정책 금리 인상 우려가 사라지는 것으로, 이는 매우 중요한 투자 요소다. 즉 추세적인 시중 금리 상승 우려가 감소한다는 의미다.

세 번째로 2025년에 채권이 매력적인 요인은 미국 노동 시장이 지속적으로 식어가고cooling 있다는 것이다. 2024년 10월 기준, 미국 실업률은 4.1%로, 이번 사이클의 실업률 최저 수준(3.4%)에서 0.7% 가량 상승한 것이다. 절대적으로 실업률 상승폭이 크지는 않지만, 실업률의 속성이 한번 상승하면 지속적으로 상승하는 평균회복mean-reversion 속성이 강하다.

따라서 향후 실업률은 중장기적으로 추가 상승할 가능성이 높다. 실제로 미국 비농업 부문 취업자non-farm payrolls 수도 지속적으로 감소하고 있다. 다음 표의 우측을 보면, 최근 3개월 이동평균 월간 취업자 수가 15만 이하로 하락하고 있다.

참고로 미국 노동 시장이 지속적으로 안정되려면 연간 2백만 개의 일자리가 필요하다고 한다. 이를 월 평균으로 환산하면 월 18만 개 일자리가 창출되어야 이 수준을 달성 가능하다. 2024년 중반이 NFP 취업자수 월 15만 이하로 하락한 수준이 향후 지속한다면, 미국 실업률은 상승할 가능성이 높아지게 된다.

미국 경제에서 노동 시장은 매우 중요한 위치를 차지하고 있다. 미국은 다른 국가들과 달리 GDP에서 소비Consumption 비중이 70%에 달하고 있어, 미국 경제 향배는 개인들의 소비 여부에 달려 있다고

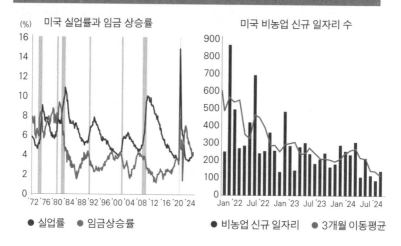

미국 노동 시장

미국 실업률과 임금 상승률 (%)

● 실업률　● 임금상승률

미국 비농업 신규 일자리 수

● 비농업 신규 일자리　● 3개월 이동평균

해도 과언이 아니다.

일반적으로 개인의 소비를 좌우하는 가장 중요한 변수 중 하나가 노동 시장이다. 따라서 노동 시장의 안정성 여부는 미국 경제 방향 예측에 매우 중요한 요소라고 할 수 있다. 최근처럼 노동 시장이 지속적으로 식어가서 실업률이 상승하게 되면, 미 연준은 정책 금리를 예상보다 더 많이 인하할 가능성이 커지게 된다. 즉 실업률 상승 폭이 미 연준의 금리 인하 폭을 결정짓게 된다.

정책 금리가 지속적으로 하락하게 되면 채권 투자자들에게 중요한 시중 금리도 중장기적으로 하락 압력을 받게 된다.

마지막으로 각국 중앙은행이 금리인하 사이클에 진입했다는 점도 눈여겨볼 만하다. 미 연준은 2024년 금리인하를 개시했다. 연준 점도표에 따르면 2025년 말 2.9% 까지 금리 인하를 할 것으로 예상하

고 있다. 물론 시장은 2025년 말 연준 점도표 예상보다 높은 3% 중
반을 전망하고 있다.

2025년 정책 금리는 비록 그 폭은 경제 상황에 따라 달라지겠지
만, 지속적으로 하락할 것으로 예상된다.

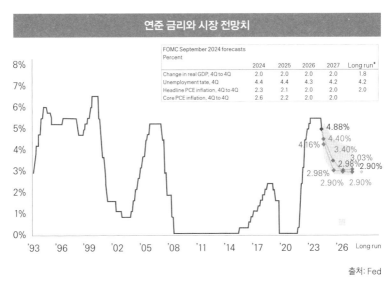

연준 금리와 시장 전망치

FOMC September 2024 forecasts Percent					
	2024	2025	2026	2027	Long run*
Change in real GDP, 4Q to 4Q	2.0	2.0	2.0	2.0	1.8
Unemployment tate, 4Q	4.4	4.4	4.3	4.2	4.2
Headline PCE inflation, 4Q to 4Q	2.3	2.1	2.0	2.0	2.0
Core PCE inflation, 4Q to 4Q	2.6	2.2	2.0	2.0	

출처: Fed

— 정책 금리   ◆ FOMC 장기 전망
◆ FOMC 연말 전망치   ▨ 12월 23일까지의 시장 기대 금리 범위
◆ 시장 기대 금리

만약 미국 정책 금리가 시장의 예상대로 인하 사이클을 지속하게
되면, 한국은행도 미국 금리 인하 사이클에 동참할 것으로 예상된다.

참고로 2024년 10월 기준 한국의 정책 금리는 3.25%지만, 시장은
2025년 말 정책 금리가 2% 중반 수준까지 하락할 것으로 전망하고
있다.

결론적으로 2025년은 채권에 투자하기 좋은 환경을 제공할 것으로 전망된다. 우선 2000년 초반 이후 가장 높은 금리를 제공한다. 또한 인플레이션 추세적으로 하락하고 있어 추가적인 정책 금리 인상 요소가 줄어드는 반면, 노동 시장이 지속적으로 식어가고 있다. 따라서 최근 시작한 정책 금리 인하가 2025년에도 지속될 것으로 예상되는 투자 환경이다.

채권의 신용등급을 알면 투자 타이밍이 보인다

"채권 종류별로 언제 투자하면 좋아요?"라는 질문을 많이 받는다. 채권 종류별로 언제 투자할지를 알기 위해서는 해당 채권의 특성을 정확하게 이해해야 한다. 이것은 신용등급을 정확히 알면 쉽게 이해할 수 있다. 거꾸로 말하면, 채권의 신용등급을 알면 그 채권의 특성을 알 수 있고, 어떤 채권을 어떤 타이밍에 투자해야 하는지도 알 수 있다.

신용등급은 기업이나 국가의 채무 상환 능력을 평가하는 지표로, 주로 글로벌 신용평가사들이 이를 평가한다. 대표적인 신용평가사는 S&P, 무디스Moody's 그리고 피치Fitch가 있다. 등급은 AAA부터 D까지 있다. A등급이 제일 안전한 등급이고 D로 갈수록 등급이 낮다.

A 등급: 상대적으로 안전한 투자처로, 신용도가 매우 높다.

B 등급: 투자 위험이 중간 정도로, 일정한 리스크를 수반한다.

C~D 등급: 높은 리스크가 있으며, 투자 부적격 또는 디폴트에 가까운 상태다.

그리고 A 등급 안에서도 AAA, AA, A로 나뉜다. AAA는 가장 안전한 등급으로, 채무 불이행 가능성이 매우 낮은 상태를 의미한다. AA는 매우 안전하지만, AAA보다는 약간 낮은 신용등급이다. A는 여전히 우수한 신용을 나타내지만, AA보다 약간 더 높은 리스크가 있다.

그 외에도 BBB, BB 등 B 등급으로 내려가면서 갈수록 위험이 높아진다. D는 디폴트Default 상태로, 채무를 상환할 수 없거나 불이행한 상태를 의미한다.

신용등급은 단순히 기업의 안전성을 평가하는 것 외에도, 부도 확률을 구체적으로 제시하는데, 이를 바탕으로 채권의 투자 가치를 판단할 수 있다. 과거의 통계를 보면, 등급별로 5년 내 부도 확률이 계산되어 있어 매우 유용하다.

BB와 BBB는 야구로 치면 메이저리그와 마이너리그의 차이다. 즉 BBB 이상은 메이저리그로 투자 적격 채권이다. BB 이하는 마이너리그로 투자 부적격 채권이다. 투자 부적격 채권은 정크 본드Junk Bond라고도 한다. 하이일드 채권이 여기에 해당한다.

그래서 일반적으로 BB를 기준으로 해서 그 아래는 투자 부적격 채권이고, BB 위로는 투자 적격 채권으로 구분한다. BBB와 BB는 비슷해 보이지만 사실은 하늘과 땅 차이라는 걸 명심하자.

투자 적격 여부	신용도	S&P	Moody's	Fitch	5년 내 부도 확률
신용등급은 부도 확률이다					
투자 적격	높음	AAA	Aaa	AAA	0.17%
	↑	AA	Aa	AA	0.33%
		A	A	A	0.67%
		BBB	Baa	BBB	3.33%
투자 부적격 (Junk Bond)		BB	Ba	BB	10.0%
		B	B	B	20.0%
		CCC	Caa	CCC	50.0%
	↓	CC		CC	
	낮음	D	C	D	

• 글로벌 신용평가사가 발표하는 과거부도율을 바탕으로, 향후 5년 내 부도율을 계산함

또 하나 주의할 점이 있다. S&P, 무디스, 피치와 같은 글로벌 신용평가사들이 매기는 신용등급은 국내 신용평가사와 다소 차이가 있다. 즉 국내 신용등급을 그대로 글로벌 신용등급에 대입해서는 안된다.

국내 신용평가사들이 평가하는 국내 기업의 신용등급은 대체로 글로벌 기준보다 높게 책정되는 경향이 있다. 예를 들어, 현대차는 국내 신용평가사에서 매우 안전한 채권으로 평가되지만, 글로벌 신용평가사에서 평가하면 등급이 더 낮아질 수 있다. 예를 들어 2016년 SK하이닉스의 경우 국내 신용평가사에서 더블 AA 등급을 받았었다. 그러나 글로벌 신용평가사에서는 더블 BB로 평가되었다.

이렇게 평가가 다른 이유는 국내 신용평가와 글로벌 신용평가의 기준과 관점이 다르기 때문이다. 따라서 국내에서 신용등급이 높게 평가된 기업이라도, 글로벌 시장으로 나가면 신용등급이 하락할 수 있다는 점을 염두에 두자.

채권의 신용등급을 알고 나면, 회사의 부도 확률도 파악할 수 있다. 이렇게 채권별로 신용등급이 어떻게 구성되는지를 이해하면, 투자 상품을 선택할 때 매우 유용하게 활용할 수 있다.

먼저 한 국가 내에서 국채는 일반적으로 AAA 등급을 가지고 있다. 국가가 발행하는 채권이기 때문에 신용도가 가장 높고, 매우 안전한 투자로 간주된다. 준정부채는 AA 등급으로 분류된다. 국가가 아닌 준정부 기관에서 발행하는 채권으로, 국채보다는 약간 위험이 있지만 여전히 안정적인 채권이다.

회사채는 크게 두 가지로 나뉜다. 우량 회사채 Investment Grade는 BBB부터 AA까지의 등급을 가지며, 신용도가 높은 기업이 발행하는 안전한 채권이다. 반면에 하이일드 채권, 즉 투자 부적격 채권은 BB 이하의 등급을 가지며, 리스크가 크지만 그만큼 높은 수익률을 기대할 수 있다.

이머징 마켓 채권은 신흥 시장에서 발행된 채권으로, 발행 국가의 신용등급에 따라 투자 적격과 투자 부적격으로 나뉜다. 이처럼 채권의 신용등급을 알면, 채권별로 그 특성을 파악하기 쉽다. 또 나중에 투자 상품을 선택할 때 훨씬 직관적으로 접근할 수 있다.

조금 더 구체적으로 알아보자. 신용등급을 알면, 해당 채권의 예상 수익과 변동성을 예측할 수 있다. 먼저 신용등급이 높을수록 채권이 안정적이므로 이자율은 상대적으로 낮아진다. 채권 발행자가 안전하다고 평가되기 때문에, 투자자들이 낮은 이자에도 만족할 수 있다는 뜻이다. 반면 신용등급이 낮을수록 채권 발행자가 위험하기 때문에 이자율이 높아진다. 위험을 감수한 투자자들에게 더 큰 보상을 제공해야 하기 때문이다.

국채처럼 신용등급이 높은 채권은 가격의 변동 폭이 작다. 국채가 매우 안전한 자산으로 여겨지기 때문에 시장 상황에 큰 영향을 받지 않는 경향이 있다. 반면 신용등급이 낮은 채권은 가격 변동성이 크다. 시장 상황에 따라 가격이 크게 출렁일 수 있다. 이러한 변동성 때문에 자본 손익도 크게 달라질 수 있다.

채권의 총수익은 이자 수익과 가격 변동성을 합친 값이다. 신용등급이 높을수록 이자도 적고 가격 변동도 적기 때문에 총수익의 변동성이 작다. 반대로 신용등급이 낮을수록 이자율이 높고 가격 변동성이 크므로, 총수익의 변동성도 더 크게 나타난다.

결국 신용등급이 높은 국채(AAA)는 안정적인 이자 수익을 추구하는 투자자들에게 적합하며, 경제 상황이 불안정할 때 안전한 피난처가 될 수 있다. 반면 하이일드 채권(BB 이하)은 리스크가 크지만, 금리가 상승할 때 상대적으로 높은 이자 수익을 제공할 수 있기 때문에 경제가 회복세를 보일 때 더 매력적인 선택이 될 수 있다.

가산 금리의 역할

그러면 왜 신용등급에 따라 채권의 수익이 바뀌는 걸까? 이것을 이해하기 위해서는 '가산 금리(스프레드)'의 개념을 알아야 한다. 모든 채권의 금리 구조는 기본적으로 국채 금리에 가산 금리가 더해져 결정된다.

국채 금리는 가장 안전한 자산에 해당하므로, 추가적인 위험 프리미엄이 붙지 않는다. 예를 들어, 국채 금리가 2%라고 가정하면, 국채는 가산 금리가 없다. 그러나 BB 채권 같은 신용등급이 낮은 채권은 발행 시 국채 금리에 추가적인 위험 프리미엄, 즉 가산 금리를 더한다. 이는 해당 채권이 국채보다 더 위험하다는 것을 반영하기 위해서다.

그래서 신용등급이 낮을수록 더 많은 가산 금리가 필요하다. 예를 들어, BB 채권의 경우, 국채 금리가 2%라면 여기에 가산 금리가 추가되어 최종 금리가 더 높아진다. 등급이 낮을수록 채권의 가산 금리 비중이 커진다. 해당 채권이 위험하므로 더 높은 수익률을 제공해야 하기 때문이다.

가산 금리는 리스크 프리미엄을 반영하므로, 경제 상황에 따라 가산 금리가 변동한다. 경제가 좋을 때는 가산 금리가 줄어들고, 국채 대비 위험이 크지 않다는 평가를 받는다. 이 경우 채권의 발행 금리가 낮아진다.

반면 경제가 나쁠 때는 가산 금리가 크게 증가하여, 채권의 발행

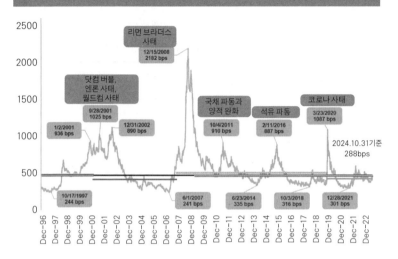

경제위기와 미국 하이일드 가산금리

금리가 높아진다. 이는 하이일드 채권의 위험이 커졌음을 반영한다.

　국채는 가산 금리가 거의 없기 때문에, 우리가 알고 있는 전통적인 채권의 속성을 그대로 반영한다. 즉 경제가 나빠지면 금리가 내려가고, 그에 따라 채권 가격이 올라가는 구조다. 따라서 국채는 경제가 나쁠 때 투자하기 좋은 자산이다.

　반면 등급이 낮은 채권일수록 가산 금리가 크게 붙는다. 여기서 중요한 점은, 가산 금리는 주식과 같은 방향으로 움직인다는 것이다. 경제가 좋아지면 가산 금리가 줄어들고, 경제가 나빠지면 가산 금리가 크게 늘어난다. 그래서 등급이 낮은 채권, 특히 하이일드 채권이나 이머징 마켓 채권은 주식의 속성을 많이 닮아 있다.

　하이일드 채권은 겉으로는 채권의 형태를 띠고 있지만, 가산 금리가 크기 때문에 경제 상황에 더 민감하게 반응한다. 그래서 경제가 좋아지면 가산 금리가 줄어들고, 가격이 상승하는 경향이 있다. 그래서 하이일드 채권에 대해 "껍데기는 채권, 속성은 주식"이라고 말하기도 한다.

그러면 언제 어떤 채권이 좋은지 답이 나왔다. 경제가 나쁠 때는 채권의 속성이 강한 것이 좋고, 경제가 좋아지기 시작할 때는 주식의 속성을 갖고 많이 가진 채권이 더 좋다. 즉 경기 하락기에는 국채 중심으로 투자하면 되고, 경기 상승기에는 이머징이나 하이일드 채권이 좋다.

실제로 2008년과 2009년의 사례를 보자. 2008년에 미국 국채는 경기 침체기 동안 20% 상승했다. 이는 국채가 안전한 자산으로 평가받기 때문에 경기 침체 시 투자자들이 국채를 선호한 결과다. 준정부기관 채권도 9% 상승했지만, 하이일드 채권은 무려 26% 하락했다. 이는 하이일드 채권이 경제 침체기에 더 큰 타격을 받기 때문이다.

반면 2009년 경제가 턴어라운드 하자 상황은 반대가 되었다. 다음 표에서 보듯 국채는 성과가 줄어들었지만, 하이일드 채권은 무려 54% 상승했다. 이는 경제가 회복될 때 신용등급이 낮은 채권이 더 큰 수익을 보였다는 것을 알려준다.

이렇게 되면 주식 투자를 하지 않고도 경제 사이클을 이용한 채권 투자를 할 수 있다. 경기 침체기에는 국채 등 우량 채권을, 경제가 회복될 때는 하이일드 채권을 선택함으로써, 다양한 경제 상황에 맞춰 투자 포트폴리오를 운영할 수 있다.

	경기 상황	미 연준 금리 변동 폭	미 10년 국채	정부기관 채권	회사채	하이일드
2008	경기 침체기	-2.75%	20.30%	9.26%	-3.07%	-26.17%
2009	경기 회복기	0.00%	-9.92%	1.53%	16.04%	54.22%

경기 침체기와 경기 회복기 채권 투자 수익률

• 출처: 모닝스타, 회사채-Bloomberg Barclays U.S. Credit Index, 하이일드-Credit Suisse High Yield Index, 미10년 국채-Citigroup 10-year Treasury Benchmark

물론 구체적인 투자 시점이나 전략은 테크니컬한 분석이 추가로 필요할 수 있다. 하지만 큰 그림으로는 이렇게 신용등급과 경제 상황을 활용한 채권 투자가 가능하다. 연금 펀드에도 이러한 전략을 적용하면 장기적인 수익을 높일 수 있다.

이머징 마켓 채권의 경우에는 조금 더 복잡한 요소가 있어 별도의 분석이 필요하다. 하지만 기본적으로 신용등급과 경제 상황에 따라 투자 전략을 달리하는 것이 핵심이다.

4장

이 리스크는
알고 있어야 한다

반드시 알아야 할 채권 투자 위험

채권의 위험은 크게 두 가지로 볼 수 있다. 첫 번째는 이자율 위험이다. 금리가 올라가면 채권 가격이 하락한다고 했다. 즉 내가 채권 투자를 한 후에 시중 금리가 올라가면 평가손이 생긴다.

두 번째는 신용 위험이다. 국채를 제외한 모든 채권에는 신용 위험이 있다. 우선 일반적으로 아는 신용 위험은 부도 위험이다. 그런데 요즘은 대다수 금융기관에서 부도날 만한 기업의 채권을 권하지 않는다. 부도나지 않을 것 같으면서도 금리가 높은 채권을 권한다.

그런데 이런 채권에도 다양한 위험이 내포되어 있다. 기본적인 부도 위험 외에도 다른 위험이 더 있는 것이다.

그중 가장 큰 것은 가산 금리 확대의 위험이다. 부도는 안 나지만 내가 산 이후에 가산 금리가 확대되어서 채권 가격이 하락하는 위험이다. 물론 만기 보유한다면 가산 금리 확대의 위험은 중요하지 않다. 하지만 국채처럼 중간에 금리가 내릴 경우 매각하고자 한다면 국채를 제외한 모든 채권의 가산 금리 확대 위험이 굉장히 중요해진다.

또 하나는 채권의 신용등급이 하락할 위험이다. 예를 들어 내가 살 때는 AA였는데, 이후 회사의 재무 상태가 안 좋아져서 A로 바뀌면 채권 가격이 하락한다. 그러면 평가손이 생기게 된다.

신용 위험과 이자율 위험을 경기 사이클로도 설명할 수 있다. 일반적으로 경제가 좋아지면 인플레이션이 상승하기 때문에 경기 상승 국면에는 이자율 위험에 노출된다.

반면 경기 하강 사이클에는 금리를 인하하게 되므로 이자율 위험이 없다. 그러나 경기 하강 사이클에는 신용 위험에 주의해야 한다. 우선 부도 위험을 조심해야 한다. 안전한 기업이라도 가산 금리가 벌어질 위험에 유의해야 한다.

신용등급이 하락하는 것도 위험 요인이다. 그런데 위험을 뒤집으면 그게 곧 수익의 기회다. 경기 상승 국면에 이자율 위험이 있다고 하면, 경기 하락 국면에는 이자율 수익이 있는 것이다. 즉 금리가 내려가서 내 채권 가격이 올라가므로 거기서 수익을 얻을 수 있다.

신용 위험의 측면에서도 마찬가지다. 경기 하락기에는 신용 위험에 노출되고 가산 금리가 벌어져서 가격이 하락할 위험에 노출된다.

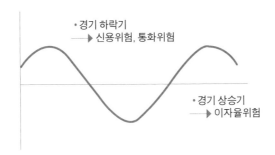

주요 변수	경기 상승기	경기 하락기
금리 위험	이자율 위험 노출	금리 하락에 따른 자본 이득 기회
신용 위험	신용위험 감소로 가격 상승	신용 위험 노출
통화 위험	통화 차익 가능	통화 위험 노출

반대로 경기 상승 국면에서는 신용 위험이 줄어들면서 수익이 난다. 그래서 항상 '위험 = 수익의 기회'라고 이해하면 된다.

따라서 경제가 나빠질 때는 신용 위험, 그중에서도 가산 금리 확대 위험에 주목하자. 왜냐하면 실제로 채권 투자를 할 때 가산 금리 확대 위험을 별도로 안 보는 사람이 많기 때문이다. 경제가 좋아지면 가산 금리는 줄어들고, 경제가 나빠지면 가산 금리는 국채 금리와 반대로 확대된다. 그래서 경제가 나빠질 때는 가산 금리 확대 위험에 주목해야 한다.

다음 도표는 실제 경기(경기침체)와 신용등급별 가산금리 추이를 보여주는 자료이다. 비교대상은 하이일드채권(BB), BBB 회사채 그

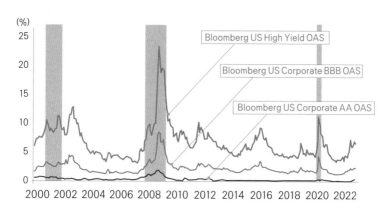

신용등급별 국채 대비 가산 금리 추이

(%)

Bloomberg US High Yield OAS

Bloomberg US Corporate BBB OAS

Bloomberg US Corporate AA OAS

2000 2002 2004 2006 2008 2010 2012 2014 2016 2018 2020 2022

출처: Bloomberg, 회색 부분은 경기침체 구간

리고 AA신용등급 채권의 가산금리를 비교하였다.

일반적으로 경제가 안 좋아지면 가산금리는 상승하고, 경제가 회복되면 가산금리는 하락한다. 특히 경기 침체를 맞이하게 되면 가산금리는 큰 폭으로 상승하게 된다. 가산금리는 국채금리 대비 위험 프리미엄 성격이므로 경제가 악화되면 개별기업 위험이 증가하므로 가산금리도 상승하게 되는 것이다. 그러나 신용등급별로 가산 금리 확대 정도는 상당히 차이가 난다. 상대적으로 우량채권(AA)은 경기 침체기에 가산 금리 확대가 미미한 반면, 신용등급이 낮을수록 가산 금리가 큰 폭으로 확대되는 것을 확인할 수 있다.

그래서 경기 침체기에 가산 금리가 큰 폭으로 확대되는 하이일드 채권, 즉 신용등급이 낮은 채권은 투자를 피하는 것이다. 참고로 가산 금리가 크게 확대되면 해당 채권 가격이 하락하게 된다.

반대로 이런 채권들에는 언제 투자해야 할까? 경제가 나빠지면 가산 금리가 확 벌어질 것이다. 그런데 경제가 경기 침체에서 회복되면 가산 금리는 큰 폭으로 줄어든다. 이것은 오히려 채권 가격이 크게 올라간다는 뜻이다.

따라서 가산 금리가 붙어 있는 상품은 경기 침체를 임박했을 때 투자하면 안 된다. 이런 상품은 경기가 완전히 바닥에서 돌아설 때, 확대된 가산 금리가 줄어들 타이밍에 들어가야 한다. 그러면 높은 금리도 확보하고 가산 금리가 줄어드는 것에 따른 가격 상승도 동시에 추구할 수 있다.

스태그플레이션일 때는 어떻게 할까?

전 세계를 세 가지 주요 경제 권역으로 나누면 미국, 유럽, 중국이 있다. 2023년과 2024년에 걸쳐 유럽과 특히 중국은 디플레이션 경향을 보이는 반면, 미국은 여전히 여러 가지 요인으로 경제가 뒷받침되고 있는 상황이다. 그러나 전반적으로 물가는 점진적으로 하락할 가능성이 크다. 특히 긴축 정책의 영향이 실물 경제에 본격적으로 미치기 시작하면 경기 둔화가 예상되며, 이에 따라 수요 감소도 이어질 것이다.

이러한 상황에서 스태그플레이션(경기 침체 속 물가 상승)의 가능성도 10~20% 정도로 염두에 두고 채권 투자를 고려해야 한다고 생각한다. 즉 금리가 중장기적으로 하락할 가능성(플랜 A)과 금리가 쉽게 내려가지 않는 상황, 즉 스태그플레이션(플랜 B)의 가능성을 모두 대비해야 한다.

따라서 채권 투자를 할 때는 이 두 가지 시나리오를 모두 고려해, 장기 채권과 단기 채권을 혼합한 포트폴리오를 구성하는 것이 필요하다. 투자 판단이 다소 틀리더라도 현금 흐름이 막히지 않도록 대비해야 한다. 스태그플레이션은 경기 침체가 발생했음에도 물가가 떨어지지 않는 상황이므로, 중앙은행이 금리 인하를 할 수 없게 된다. 경기 침체가 일어나면 통상적으로 금리 인하를 통해 경제를 부양하지만, 물가 상승이 지속되는 스태그플레이션에서는 금리를 인하할 수 없기 때문에 경제에 대한 부양 효과가 제한된다.

그래서 스태그플레이션은 자산 시장에서 가장 안 좋은 상황으로 평가된다. 스태그플레이션이 발생하면 부동산이나 주식 투자도 부적합해질 수 있다. 경제가 더 나빠질 가능성이 있기 때문이다.

만약 스태그플레이션 리스크가 현실화된다면, 금리가 내려오지 않을 가능성이 크므로 만기가 짧은 채권에 투자하는 것이 유리할 수 있다. 이 때문에 장단기 채권을 균형 있게 섞어서 투자할 필요가 있다. 또 ETF보다는 개별 국채를 중심으로 만기 포트폴리오를 구축하여, 스태그플레이션의 리스크에도 대비하는 전략을 취하는 것이 현명할 것이다.

스태그플레이션을 지난 이후에는 심각한 경기 침체로 이어질 가능성이 크다. 경제가 힘들어지고 수요가 감소하면, 더 심각한 경기 침체로 이어질 수 있다. 그래서 그 시점에서는 중앙은행이 금리를 인하할 가능성이 커지게 된다.

그러나 국가 신용등급 악화나 통화 가치 하락은 금리 상승 요인이 될 수 있다. 예를 들어, 한국처럼 상대적으로 재정 건전성이 좋은 나라는 이러한 상황에서 원화 가치가 급격히 하락할 가능성은 낮다고 볼 수 있다. 한국은 GDP 대비 국가 부채가 50% 정도로, OECD 선진국 평균이 100%를 넘는 것에 비해 상당히 재정 건전성을 잘 유지하고 있다.

또한 한국 국채는 WGBI ^{World Government Bond Index}, 즉 세계국채지수에 2024년 10월부터 편입이 확정되었고, 2025년 11월부터 실제적인 편입이 시행될 예정이다. 이 지수에 편입된다면 편입 후 1년 6개월의 기간 동안 70~80조 원 수준의 외국 자금이 유입될 것으로 예상된다.

이는 원화 표시 국채를 대규모로 사들이는 것을 의미하며, 원화 가치 하락에 대한 버팀목 역할을 할 수 있다. 외국 자금이 점진적으로 유입되면서 한국 경제에 중장기적인 긍정적 효과를 가져올 수 있다.

한국 경제가 나빠질 경우, 외국인들이 한국 국채를 매도하고 자금을 이탈시킬 가능성을 생각해볼 수 있다. 하지만 이 가정이 현실이 되려면 먼저 외국인들이 한국 국채를 많이 보유하고 있어야 한다. 한국 주식시장에서는 외국인들의 보유 비중이 약 28~30%에 달하는 반면, 한국 국채 시장에서의 외국인 보유 비중은 18% 정도로, 상대적으로 훨씬 적다.

따라서 외국인 매도로 인한 충격파는 주식 시장에서보다 국채 시장에서 더 작게 나타날 가능성이 크다. 오히려 한국 국채가 WGBI에 편입되면 외국인들의 국채 보유 비중이 더 커질 가능성이 존재한다. 이는 추가적인 자금 유입을 촉진할 수 있으며, 외국인 자금 유출에 따른 충격을 더 완화할 수 있는 요소다.

결론적으로, 국가 신용등급 하락이나 원화 가치 하락으로 인해 금리가 크게 반등할 가능성에 대해 과도하게 걱정할 필요는 없을 것 같다. 한국 국채 시장에서 외국인 비중이 상대적으로 적고, 앞으로 외국인 비중이 더 커질 여지가 있기 때문이다.

2부

금리만 알면
채권 투자가 쉬워진다

1장

금리를 알면
실패하지 않는다

채권 가격과 금리의 관계

금리가 올라가면 채권 가격이 하락하고, 반대로 금리가 내려가면 채권 가격이 상승한다. 왜 그럴까? 그 이유를 이해하려면 채권의 현금 흐름 개념과 이를 현재 가치로 환산하는 방식을 알아야 한다.

채권을 산다는 것은 미래의 일정한 현금 흐름을 얻는 것을 의미한다. 예를 들어, 만기 3년에 연 5% 이자를 주는 채권을 100원을 주고 사면, 3년 동안 매년 5원의 이자를 받고, 만기 때 100원을 돌려받는 구조다. 즉 총 115원을 받게 되는 이 미래의 현금 흐름을 현재 가치로 할인하여 환산한 것이 채권 가격이다.

이때 할인율로 사용되는 것이 시중 금리다. 시중 금리가 높아지면 같은 미래 현금 흐름에 대해 할인을 더 많이 해야 하므로, 현재 채권의 가치가 하락하게 된다. 반대로 시중 금리가 낮아지면 할인율이 줄어들어, 채권의 현재 가치가 올라가게 되는 것이다.

만약 시중 금리가 채권 발행 당시보다 올라간다면, 신규로 발행되는 채권은 더 높은 금리를 제공할 것이다. 이 경우 기존에 발행된 금리가 낮은 채권은 상대적으로 덜 매력적이 되어 수요가 감소하고, 따라서 채권 가격이 하락한다. 예를 들어, 4% 이자를 주는 채권이 있는데 시중 금리가 5%로 올랐다면, 기존 채권은 덜 매력적이 되어 가격이 하락한다.

반대로 시중 금리가 하락하면 기존에 높은 금리로 발행된 채권의 이자가 상대적으로 더 매력적으로 된다. 그래서 수요가 증가하고 채권 가격이 상승하게 된다. 예를 들어, 3% 이자를 주는 채권이 있고 새로 발행되는 채권의 금리가 1%라면, 기존 채권이 더 매력적이어서 가격이 오르게 된다.

결국 채권 가격은 금리와 반비례 관계를 가진다. 금리가 상승하면 채권 가격이 하락하고, 금리가 하락하면 채권 가격이 상승하는 이유는, 채권 가격이 미래의 현금 흐름을 현재 가치로 할인하여 환산한 값이기 때문이다. 그리고 그 할인율이 시중 금리에 따라 달라지기 때문이다.

금리를 제대로 알면 투자 수익이 바뀐다

우리가 가장 알고 싶은 것은 결국 채권 금리다. 채권 금리는 경제 전반, 특히 물가와 연준(또는 중앙은행)의 금리 정책에 의해 영향을 받는다. 물가가 오르거나 내리면 그 변화가 정책 금리와 시장 금리에 영향을 미친다. 그러면 연준이 이러한 물가 변동을 보고 정책 금리를 조정한다. 정책 금리가 인상되면 시중 금리도 함께 올라가고, 금리가 내려가면 채권 가격이 상승한다.

시장 금리와 인플레이션의 관계

(%)

출처: Bloomberg

—— 미국 10년 만기 국채 금리   —— 미국 소비자물가지수(CPI)

연준이나 한국은행이 금리를 조정할 때, 우리는 이를 '정책 금리'라고 부른다. 그리고 시장 금리의 변화는 채권 가격에 직접적인 영향을 미친다. 특히 채권 시장에서 자주 언급되는 10년물 국채 금리가 중요한 이유는, 시장 금리가 물가나 경제 상황에 따라 연동되기 때문이다.

물가가 상승하면 연준은 정책 금리를 인상한다. 금리가 오르면 사람들이 은행에 돈을 저축하게 되고, 대출을 받기가 어려워지며, 시장에서 사용되는 유동성이 줄어든다. 이로 인해 소비가 줄어들고 물가 상승을 억제하는 효과가 생긴다. 즉 금리를 올리는 것은 시중의 자금 유동성을 줄이고 소비를 억제하여 물가를 안정시키는 방법이다.

물가가 지나치게 높아지면 버블이 생길 수 있으며, 버블이 터지면 경제에 큰 타격을 준다. 연준의 역할은 이러한 버블을 방지하고, 경기 침체 시에는 완만하게 둔화시키는 것이다.

연준의 목표는 물가 안정과 완전 고용인데, 이 두 과제가 상충한다. 고용이 증가하면 소비가 늘어 물가가 오른다. 반대로 이를 억제하기 위해 금리를 올리면 고용이 줄어들 수 있다. 그래서 이 균형을 맞추는 것은 매우 어려운 과제다.

만약 연준이 물가를 억제하기 위해 금리를 과도하게 올리면 노동 시장이 타격을 받을 수 있다. 반대로, 금리를 너무 늦게 올리면 물가 상승이 통제되지 않아 경제 혼란이 발생할 수 있다. 연준이 적절한 타이밍에 금리를 조정해야 하는 이유는 경제가 부드럽게 둔화되면서도 심각한 경기 침체 없이 회복될 수 있도록 하는 것이 목표이기 때문이다.

결국 경제가 큰 충격 없이 둔화된 뒤 다시 회복할 수 있도록 연준이 금리 조정의 타이밍을 잘 맞추는 것이 핵심이다.

그럼 연준은 고용과 물가를 어떻게 판단할까? 연준이 완전 고용을 판단하는 지표는 실업률이다. 그리고 물가는 CPI^{Consumer Price Index}와 PCE^{Personal Consumption Expenditure}, 두 가지 지표로 평가한다.

또한 물가 지표는 명목^{Nominal} 물가와 코어^{Core} 물가로 나뉘어 발표된다. 명목 물가는 전체 물가 수준을 보여주지만, 변동성이 큰 유가와 농산물의 영향을 크게 받는다. 유가는 국제적 요인이나 수급 상황에 따라 급격히 변동할 수 있다. 농산물 역시 기후나 작황 상황에 따라 흉작일 때는 가격이 급등한다. 또 풍년일 때는 가격이 하락하는 등 큰 진폭을 보인다. 이처럼 유가와 농산물의 가격 변동이 크기

출처: Bloomberg

때문에, 이를 포함한 물가 지수로는 미래 물가 추세를 예측하기가 어렵다.

이를 해결하기 위해 유가와 농산물과 같은 변동성이 큰 항목을 제외한 물가 지수를 만드는데, 이 지표가 바로 코어 물가다. 즉 코어 CPI는 CPI에서 유가와 농산물을 제외한 것으로, 보다 안정적인 물가 추세를 파악할 수 있는 지표다. 중앙은행과 경제 전문가들은 이 코어 물가를 물가의 장기적 추세를 분석하고 정책을 결정하는 데 활용한다.

코어 물가는 추세적 물가 변동을 파악하는 데 유리하며, 이를 통해 연준은 금리 정책을 조정한다. 물가가 계속 상승하면 연준은 금리를 인상하고, 물가가 하락 추세를 보이면 금리를 인하할 가능성이 크다.

채권 투자자들은 연준 통화정책에 매우 민감하다. 즉 연준이 정책 금리를 인하할지 또는 인상할지에 따라 채권 시장은 상당 부분 영향을 받는다.

연준의 정책 금리는 앞에서 언급한 대로 인플레이션, 즉 추세적인 인플레이션 동향에 따라 결정된다. 미 연준은 인플레이션 측정자료로 핵심 CPI 대신 핵심 PCE(개인소비지출) 지수를 더 선호한다.

두 물가지표는 세부 구성지표 비중이 다소 차이가 나지만, 큰 그림에서 두 지표 모두 거의 비슷하게 움직인다.

연준은 정책 금리 인상으로 물가안정인 목표를 어느정도 달성된 상황에서 노동 시장이 악화될 때 금리 인하를 하게 된다. 즉 금리 인하를 통해 노동 시장 악화를 막고자 하는 것이다. 따라서 최근의 노

소비자물가(CPI) 과 개인소비지출(PCE) 구성내역 비교

- 식품
- 주거
- 교통
- 의료
- 여가
- 기타

출처: BLS, BEA

동 시장 데이터가 약세를 보였기 때문에 연준이 금리 인하를 시작했다. 노동 시장 데이터가 약세를 보이면 연준이 금리 인하를 시작했다. 이런 메커니즘을 알고 있으면 시장이 매일 움직이는 것에 너무 혼란스러워하지 않아도 된다.

2장

금리 인하 때
채권 투자하는 법

금리 인하에 대비한 채권 투자 전략

채권 투자에서 가장 중요한 두 가지 요소는 현재 금리 수준과 중장기적인 금리의 방향이다. 이 두 가지는 채권 투자 전략의 핵심 포인트다. 현재 금리가 높을수록, 채권 투자자는 높은 이자 수익을 얻을 수 있다. 이는 마치 예금 금리가 높아진 것과 같은 효과를 가져다준다. 최근 금리가 올라가면서, 투자자들은 높은 금리로 채권에 진입할 수 있어, 매력적인 투자 기회가 된다.

만약 장기 채권을 매수하고 만기까지 보유한다면, 현재의 금리를 고정적으로 가져갈 수 있다. 이는 예금과 유사하게, 현재 높은 금리를 확정하고 안정적인 수익을 얻는 방법이다.

중장기적으로 금리가 어떻게 변화할지 예측하는 것도 매우 중요하다. 금리가 하락할 경우 채권 가격은 상승하게 되므로, 중장기적으로 금리가 내려갈 것으로 예상된다면 지금 채권을 매수하는 것이 유리할 수 있다. 반대로 금리가 상승할 경우 채권 가격은 하락하게 된다.

현재의 높은 금리 상황은 채권 투자자들 입장에서 높은 이자 수익을 향유할 수 있을 뿐만 아니라, 향후 시중 금리 하락으로 인한 채권 가격 매각 차익도 기대할 수 있는 상황이다. 참고로 개별 채권의 매각 차익은 비과세이다.

따라서 높은 이자 수익을 안정적으로 확보하는 단기적인 투자 방법과 중장기적으로 이자 수익과 더불어 매각 차익에 포커스해 투자하는 두 가지 방법이 있다. 그래서 단기 채권 투자는 현재 높은 금리를 확정적으로 얻는 방법이라는 걸 다시 한번 강조하고 싶다.

또한 연준이 금리 인하를 너무 늦게 하면 긴축을 너무 오래한 탓에 경기 침체 리스크를 키울 수 있다. 금리 인하 시점이 늦어질수록 경기 침체의 확률은 더 올라갈 수밖에 없다. 그런데 채권 투자자 입

채권 투자 수익의 구조와 가격		
채권 투자 수익 =	이자 수익	+ 자본 손익
	가격 변동과 관계 없는 이자	가격 변동에 따른 자본 손익
	쿠폰에 따른 경과 이자	금리 하락 → 가격 상승 → 자본 이익 금리 상승 → 가격 하락 → 자본 손실

장에서는 오히려 이렇게 되는 게 훨씬 더 매력적인 상황이라고 볼 수 있다.

높은 산에서 눈을 굴리면 계곡이 깊을수록 눈 덩어리가 커진다. 절대 금리가 높아질수록, 그리고 금리 인하 시점이 뒤로 밀릴수록 경기 침체 가능성은 커진다고 볼 수 있다. 채권 투자에서는 바로 이때, 금리가 하락할 때 채권 가격이 상승하므로 가격 차익을 추구하기에 좋은 기회가 된다.

다시 말해, 높은 금리 수준에서 금리 인하가 예상되면, 채권의 가격 상승을 기대할 수 있어 채권 투자 수익을 극대화할 수 있는 좋은 타이밍이라고 해석할 수 있다. 마치 눈덩이를 굴릴수록 더 커지듯, 금리 인하로 인해 채권 가격이 크게 상승할 기회를 잘 포착하는 것이 중요하다.

장단기 금리 역전 상태에서의 채권 투자

연준의 과도한 긴축이 빠르게 끝날지 아니면 길게 지속될지에 따라 투자 전략은 달라질 수 있다. 긴축 기간이 길수록 경기 하강 리스크가 커진다. 이런 상황일수록 채권(특히 국채)은 수익 기회가 커지게 된다.

앞서 말했듯 장단기 금리 역전은 역사적으로 경기 침체의 전조로 해석되어왔다. 과거 대공황, 1970년대 경기 침체, 그리고 리먼 사태 직전인 2006~2007년에 장단기 금리가 역전되었다. 지금과 마찬가지로 당시에도 금리 역전이 오랜 기간 지속되었고, 이는 깊고 오랜 경기 침체로 이어졌다. 반면 1990년대처럼 장단기 금리 역전이 짧게 지나간 경우, 경기 침체는 약하게 지나갔다.

현재도 장기 금리보다 단기 금리가 더 높은 역전 상태가 지속되고 있다. 특히 10년물 국채 금리와 3개월물 국채 금리의 역전 기간이 매우 길어지고 있다. 이는 향후 경기 침체 가능성을 높이고 있다.

비록 최근 연준이 금리 인하를 개시했지만, 만약 금리 인하 속도가 느리게 진행되면 금리 역전 현상이 빠르게 해소되지 않게 된다. 또한 고금리 상황이 오래 지속될수록 경기 둔화와 대출 축소 상황으로 이어질 수 있다.

연준에서 조사한 '시니어 론 오피서 의견 조사SLOOS'에 따르면, 대출 기준이 앞으로 더욱 강화될 가능성이 크며, 이는 소비와 경제 활동을 위축시킬 요인이 된다. 이미 미국 대출 수요가 줄어들고 있고, 이는 경기 둔화 신호로 볼 수 있다. 과거 데이터에 따르면, 장단기 금리 역전 기간이 길어질수록 주식 시장의 하락 기간이 길어지고, 경기 침체의 깊이도 더 깊어지는 경향이 있었다. 지금처럼 장단기 금리 차가 역전된 상황에서 채권 투자를 한다고 하면 두 가지가 떠오른다. 수익률 좋은 단기 국채에 투자하는 것도 방법일 것이다. 또 장단기 금리 차이가 길어지면서 경기 침체가 오면 그 깊이나 기간이 길어질 것에 대비해서 장기 국채를 투자하는 것도 좋다.

장단기 금리가 역전된 상황에서는 단기 채권과 장기 채권 투자 모

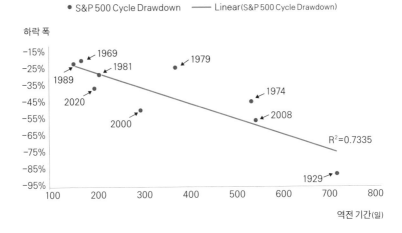

장단기 금리(10년물−3개월물) 역전 기간에 따른 S&P500 하락 폭

● S&P 500 Cycle Drawdown ──── Linear(S&P 500 Cycle Drawdown)

하락 폭

1969
1979
1981
1989
1974
2020
2008
2000
$R^2 = 0.7335$
1929

역전 기간(일)

두 필요한 채권 투자 전략이다. 이런 현상은 단기 금리가 장기 금리보다 높기 때문에 발생하므로 높은 단기 채권을 투자하여 예금처럼 확정수익을 가져가는 방법이다. 게다가 현재 단기 국채 금리는 예금 금리보다 높은 상황이다.

그리고 중장기적으로 향후 경기 둔화 내지는 경기 침체 시 장기 채권 금리는 하락하게 되므로 장기 국채 가격도 상승하게 된다. 장기 국채 투자로 매매 차익을 얻고자 한다면, 긴 호흡으로 투자하는 것이 바람직하다.

다만 장기 국채만 보유하는 것보다 단기채권과 장기국채를 적절히 포트폴리오 구성하여 투자하는 것이 예상치 못한 이자율 위험을 관리하는 효과적인 방법이다.

현재처럼 오랜 긴축과 느린 금리 인하가 진행되는 상황에서는 경기 하방 리스크에 대비할 필요가 있다. 채권(특히 국채) 같은 경우는 하방 리스크가 반대로 기회가 된다. 그래서 채권은 선택지가 아니라 '머스트 해브 아이템Must-Have Item'이다.

3장

채권,
어떻게 투자할까?

채권 투자로 돈 버는 세 가지 방법

채권 투자의 기본적인 수익원은 크게 세 가지로 나눌 수 있다. 이자 수익, 할인 차액 그리고 매매 차익이다. 각각에 대해 자세히 알아보자.

1. 이자 수익

이자 수익은 우리가 흔히 '쿠폰 이자' 또는 '표면 이자'라고 부른다. 예를 들어 100을 주고 채권을 산다고 할 때, 만약 그 채권의 쿠폰 이자율이 5%라면, 이자는 일정한 주기마다 5%의 현금 흐름으로 들어온다는 것이다.

쿠폰 이자는 채권을 보유하고 있는 동안 정기적으로 지급받는 현금 흐름을 말한다. 채권을 발행한 기관이 약속한 이자를 투자자에게 지속적으로 지급하는 것이다. 예를 들어 국채 같은 경우는 일반적으로 6개월에 한 번씩 이자가 지급되고, 회사채는 3개월에 한 번씩 이자를 지급한다. 이 과정에서 우리가 받게 되는 현금 흐름을 표면 이자라고 한다.

이자 수익이란 단순히 말해서 채권 보유자가 채권 발행자로부터 받는 약속된 현금 흐름이다. 반기 혹은 분기마다 이 쿠폰 이자가 계속 들어오고, 채권의 만기 시점에 가서는 원금과 마지막 이자까지 함께 받게 되는 것이다.

이렇게 생각해보면, 이자 수익은 마치 은행 예금에서 정기적으로 이자를 받는 것과 같은 느낌을 준다. 하지만 이자 수익이라고만 부르면 조금 혼란스러울 수 있기 때문에, 정확한 표현은 표면 이자가 맞다. 이는 채권을 보유하고 있는 동안 지속적으로 발생하는 현금 흐름이라는 점에서 중요하다.

따라서 채권 투자의 첫 번째 수익원인 표면 이자는 투자자가 중간중간에 정기적으로 받는 캐시플로우를 의미한다. 국채든 회사채든 채권의 종류에 따라 그 지급 주기가 다르긴 하지만, 결국엔 원금과 마지막 이자까지 포함해 채권 보유 기간에 일정한 수익을 제공한다는 점에서 중요한 역할을 한다.

2. 할인 차액

할인 차액은 채권을 발행 당시 가격보다 싸게 사서 만기 시점에 액면가로 돌려받을 때 발생하는 차익을 말한다. 예를 들어, 어떤 채권이 10년 만기로 발행되었을 때, 그 채권을 중간에 매입한다고 가정해보자. 이때 채권 가격은 시점에 따라 달라지며, 할인 채권이나 프리미엄 채권으로 거래될 수 있다.

할인 채권은 발행 당시 가격보다 싸게 거래되는 채권을 말한다. 예를 들어, 발행 당시 가격이 100원인 채권을 90원에 매입했다면, 이는 할인 채권이다. 반면 프리미엄 채권은 더 비싼 가격에 거래되는 채권을 말한다. 예를 들어, 발행 당시 100원이었던 채권을 110원에 사는 경우가 프리미엄 채권이다.

왜 이런 차이가 생길까? 채권 발행 후 시간이 지나면서 금리 변화가 그 원인이다. 예를 들어, 10년 만기 채권이 발행 당시에는 3% 쿠폰 이자를 지급한다고 가정하자. 그런데 2년이 지나 금리가 4%로 올랐다면, 이제 3% 이자를 받는 채권은 매력적이지 않게 된다. 그 결과, 시장에서는 발행가인 100원보다 싸게, 예를 들어 90원에 거래될 것이다. 이것이 바로 할인 채권이다.

반대로, 만약 발행 당시 금리가 3%였는데 시간이 지나 2%로 떨어졌다면, 기존에 3% 이자를 주는 채권은 더 매력적으로 보일 것이다. 그래서 시장에서는 그 채권이 100원보다 비싸게, 예를 들어 110원에 거래될 수 있다. 이것이 프리미엄 채권이다.

최근 몇 년간 금리가 상승하면서, 대부분의 채권은 발행 당시보다 금리가 높아졌다. 따라서 많은 채권이 할인된 가격에 거래되고 있다. 예를 들어, 2년 전에 발행된 100원짜리 채권이 지금은 90원에 거래되는 것이다. 이는 금리 상승으로 인해 발생하는 자연스러운 현상이다.

할인 채권의 장점은 명확하다. 90원에 매입한 채권은 만기 시 100원을 액면가로 돌려받게 되므로, 그 10원 차이가 바로 할인 차액이 된다. 이 할인 차액은 금리가 오르든 내리든 만기 시점에 고정된 수익을 보장받을 수 있다는 장점이 있다.

반면 프리미엄 채권은 110원에 샀다면, 만기 시 100원만 돌려받게 되므로 자본 손실Capital Loss이 발생할 수 있다. 이런 이유로 할인 채권은 투자자들에게 더 매력적인 선택이 될 수 있다.

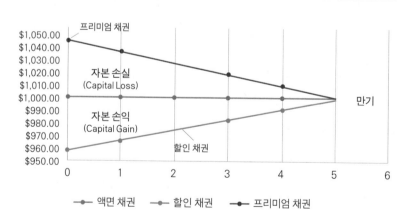

프리미엄 채권 vs 할인 채권

이처럼 채권 투자에서 할인 차액은 중요한 수익원 중 하나다. 발행가보다 싸게 사서, 만기에 원래의 액면가로 돌려받는 구조이기 때문에, 할인 채권을 통해 자본 이익을 기대할 수 있다. 특히 할인 채권의 경우 비과세 혜택도 받을 수 있어, 중장기적으로 매우 유리한 투자 전략이 될 수 있다.

3. 매매 차익

채권 투자자들은 이자 수익뿐만 아니라, 채권을 사고파는 과정에서 발생하는 가격 변동을 통해 추가적인 수익을 기대할 수 있다.

예를 들어, 10년 만기 채권을 가지고 있다고 가정해보자. 이 채권을 2년간 보유하면서 정기적으로 이자를 받다가, 좋은 시점에 시장에서 채권을 매각하면 이자 수익 외에도 매매 차익을 기대할 수 있다. 매매 차익은 채권의 매입 가격과 매각 가격의 차이에서 발생하며, 이는 채권 투자 수익에서 중요한 요소다.

앞서 말했듯 채권 가격은 금리와 반비례로 움직이기 때문에, 금리가 하락할 것이라고 예상되는 시점에 채권을 보유하면 매매 차익을 극대화할 수 있다.

물론 만기까지 보유한다면, 이러한 매매 차익을 신경 쓸 필요는 없다. 채권을 만기까지 보유하면 정해진 이자 수익만을 받게 되고, 원금을 돌려받게 된다. 하지만 중간에 채권을 매각하려는 경우에는 채권 가격이 어떻게 변할지에 주목해야 한다. 특히 매각 시점의 금리가 매입 시점보다 낮으면, 채권 가격이 상승하여 자본 차익^{Capital}

Gain을 얻을 수 있다.

최근 금리가 높아진 상황에서 채권을 구매하는 이유는 앞으로 금리가 하락할 것이라는 기대 때문이다. 금리가 하락하면 채권 가격은 상승하게 되고, 이때 채권을 매각하면 매매 차익을 얻을 수 있다. 따라서 금리가 높은 상황에서 채권을 매입하고 앞으로 금리가 내려가면 매매 차익을 기대할 수 있다.

이와 관련하여, 채권 ETF와 채권 펀드의 차이도 알아보자. 채권 ETF는 패시브 투자로, 시장의 움직임을 그대로 반영하는 방식이다. 반면 채권 펀드는 액티브 투자로, 펀드 매니저가 금리와 시장 상황을 분석하여 보다 높은 수익을 내기 위해 적극적으로 운용한다. 대표적인 패시브 투자는 채권 ETF이며, 액티브 펀드는 일반 채권 펀드다. 물론 일반 채권 펀드 중 인덱스 펀드는 액티브 채권 펀드에 포함되지 않는다. 패시브 ETF는 금리가 오르면 손실을 보고, 금리가 내리면 이익을 보는 단순한 구조를 따른다. 그리고 액티브 펀드는 금리 상황을 예측하여 금리가 오를 때는 단기 채권에, 금리가 내릴 때는 장기 채권에 투자하는 전략적 운용을 통해 수익을 추구한다.

채권 투자는 이처럼 금리 변동에 민감하게 반응한다. 그래서 투자자들이 금리의 향방을 잘 예측하고 적절한 시점에 매수와 매도를 결정하는 것이 중요하다. 액티브 채권 펀드는 이러한 역할을 대신해줄 수 있는 전문가들이 운용하기 때문에, 채권 투자 경험이 적은 투자자들에게 유리한 선택이 될 수 있다.

장기 채권에 안전하게 투자하는 방법

장기 국채에 투자할 때는 다음과 같은 다섯 가지 방식으로 접근하는 것이 중요하다.

1. 긴 호흡으로 운용하라

채권은 주식과 달리 긴 시간을 유지해야 하는 상품이다. 주식은 몇 달의 짧은 기간 동안 가격 변동을 기대할 수 있지만, 채권은 경제 전반의 매크로 흐름을 반영해 수익을 내는 구조다. 즉 짧은 기간에 이익을 내기보다는 긴 시간 동안 시장의 변화에 따라 안정적인 수익을 추구하는 것이 일반적이다.

채권의 주요 수익원은 이자 수익이다. 이자 수익은 일정한 기간 동안 보유했을 때 투자에 긍정적인 영향을 주기 때문에, 채권을 장기적으로 보유할수록 그 혜택을 누릴 수 있다. 반면 주식처럼 단기간에 채권을 매도할 경우, 이자 수익을 충분히 얻지 못할 가능성이 크다.

금리 하락은 긴축 사이클이 끝난 후에야 나타나는 현상으로, 이를 기다리기 위해서는 1년 이상의 장기적인 투자 계획이 필요하다. 즉 정책 변화와 금리 인하를 기다리며 긴 호흡으로 접근하는 것이 중요하다. 따라서 장기 국채에 투자할 때는 짧은 기간의 수익을 노리기보다는 정책 변화와 금리 사이클에 맞춰 긴 시간을 기다리는 전략이 필요하다.

2. 다양한 채권으로 포트폴리오 투자하라

금리가 하락할 때 장기 국채는 가장 큰 수익을 창출할 수 있다. 예를 들어, 금리가 1% 하락하면, 듀레이션(채권의 만기)이 1년인 채권은 가격이 1% 상승하지만, 듀레이션이 20년인 채권은 20% 상승한다. 그러나 금리 하락이 확실하지 않으며, 예상치 못한 변동성으로 인해 금리가 2~3년 안에 하락하지 않는다면, 장기 채권에 집중 투자했을 때 큰 평가 손실을 입을 수 있다. 이는 매우 큰 리스크가 될 수 있다.

따라서 금리가 하락할 것으로 예상될 때 수익을 극대화하려면 장기 채권에 투자하는 것이 적합하다. 하지만 금리가 예상과 다르게 오르거나 하락하지 않을 경우를 대비해 단기 채권에 투자하는 것도 필요하다.

단기 채권, 예를 들어 2년짜리 채권은 금리가 예상과 다르게 5%, 6% 혹은 7%로 상승하더라도 만기 시 원금과 이자를 안정적으로 회수할 수 있다. 이는 예금과 유사한 방식으로, 금리 변동에 크게 노출되지 않기 때문에 안정적이다.

따라서 장기 채권과 단기 채권의 장단점을 고려하여 포트폴리오를 구성하는 것이 중요하다. 장기 채권은 수익성 면에서 매력적이지만, 금리가 예상과 달리 상승할 경우 평가손 발생으로 인해 매각하지 못함으로써 발생하는 유동성 문제가 있을 수 있다.

반면 단기 채권은 금리가 상승하더라도 만기 시점에 확정 이자와 원금을 받을 수 있어 유동성과 위험 관리 측면에서 유리하다. 따라서 두 가지 채권을 혼합하여 포트폴리오를 구성하면, 장기 채권을 보유하면서도 안심할 수 있다.

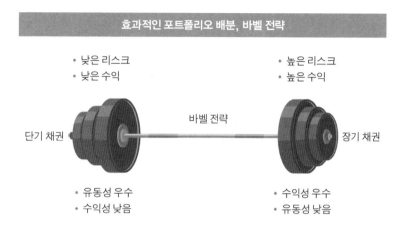

효과적인 포트폴리오 배분, 바벨 전략

• 낮은 리스크
• 낮은 수익

• 높은 리스크
• 높은 수익

바벨 전략

단기 채권

장기 채권

• 유동성 우수
• 수익성 낮음

• 수익성 우수
• 유동성 낮음

포트폴리오의 구성 비율에는 정해진 답이 없다. 이는 각 투자자의 재무 상태와 목표에 따라 달라진다. 일반적으로 장기 채권에 투자하려는 경우, 금리가 2년 내에 하락할 것으로 예상될 때 채권을 매각하여 비과세 수익을 목표로 한다. 하지만 금리가 2~3년 내에 하락하지 않거나, 예상치 못한 변수가 발생해 매각하지 못할 경우 장기 채권에 대한 부담이 생길 수 있다.

따라서 이러한 상황에 처할 가능성이 높은 투자자에게는 장기 채권에 집중 투자하는 것을 권하지 않는다. 장기 채권 비중을 많이 가져갈 수 있는 투자자는 3~4년 내에 채권을 매각하지 않아도 자산 운용에 문제가 없는 사람이어야 한다.

3. 분할 매수하라

우리는 금리의 정확한 고점을 예측할 수 없다. 장기적인 흐름은 어느 정도 예측할 수 있어도, 단기적으로 금리 변동을 정확히 맞추는 것은 거의 불가능하다.

따라서 한 번에 모든 자금을 투자하기보다는, 시간에 투자하는 방식으로 분할 매수를 하는 것이 더 현명하다.

채권은 단기적인 이익을 노리기보다는 1~2년 뒤 금리가 지금보다 낮아질 가능성에 대비해 투자하는 것이므로, 시간을 분산해 여러 시점에 나눠서 투자하는 것이 좋다.

4. 채권 ETF보다는 개별 채권에 투자하라

개별 채권과 채권 ETF는 장단점이 있으며, 이를 잘 이해한 후 선택해야 한다. 국채 투자만을 고려할 때, 금리가 하락할 가능성이 높은 시나리오(플랜 A)와 금리가 예상 외로 오르거나 높은 수준에서 유지되는 시나리오(플랜 B)를 상정할 수 있다. 이 두 가지 경우 모두 개별 국채와 ETF에 대한 투자 결과는 비슷하게 보일 수 있다. 하지만 극단적인 상황에서 차이가 나타난다.

예를 들어, 10년 후에도 금리가 내려가지 않으면, ETF는 손실을 볼 수 있다. 반면에 개별 국채를 보유하고 있다면, 만기 시점에 원금과 확정 이자를 받을 수 있어 예금처럼 안정적이다.

개별 국채와 ETF의 가장 큰 차이는 리스크 관리다. ETF는 금리 변동에 따라 만기 전에 매도할 경우 손실을 볼 수 있다. 하지만 개별 국채는 만기까지 보유할 경우 금리가 아무리 높아도 원금과 이자를 확정적으로 받을 수 있다. 또한 개별 국채는 매매 차익과 관련된 절세 혜택이 있을 수 있지만, 채권 ETF는 양도소득세 등 세금 부담이 발생할 수 있다.

현금 흐름 측면에서도 차이가 있다. ETF는 결과물만 기대할 수 있는 반면, 개별 국채는 만기까지 보유하는 동안 이자를 지속적으로 받을 수 있어, 투자 중에도 일정한 수익을 얻을 수 있다.

그러나 이머징 마켓 채권이나 하이일드 채권에 투자할 때는 ETF나 채권 펀드를 사용하는 것이 좋다. 이러한 채권들은 상대적으로 리스크가 크고, 개별 채권에 직접 투자하기 위해서는 전문적인 지식이 필요하기 때문이다. 그래서 펀드나 ETF를 통해 분산 투자하는 것이 더 안전하다.

채권 ETF의 장점은 언제든지 사고팔기가 용이하다는 것이지만, 이는 주식처럼 짧은 기간 동안 투자하려는 사람에게만 유리한 점이다. 채권에 장기적으로 투자할 계획이라면 ETF에 의존하기보다는

개별 채권 vs 채권 ETF		
	개별 채권	채권 ETF
투자 대상	국채&우량 채권	모든 채권 가능
Buy & Hold	가능	불가능
장점	절세	탄력적 운용
단점	비탄력적 운용	일반과세 or 양도세

개별 국채를 중심으로 투자하는 것이 더 안정적이다.

5. 파생 상품은 지양하라

많은 사람이 채권 투자에 있어서 파생 상품 채권 ETF에 투자한다. 예를 들어 TMF와 같은 상품이 대표적이다. TMF는 TLT(미국 20년 국채 ETF)의 3배 레버리지 상품이다.

이런 상품에 투자하는 이유는 매우 단순하다. 금리가 하락할 때, TMF는 미국 장기 국채, 즉 20년 채권 ETF인 TLT보다 이론적으로 3배 가격 차익을 얻을 수 있기 때문이다. 예를 들어 시중금리가 1% 하락할 경우 미국 채권ETF는 TLT는 16~17%가량 상승하지만, TMF는 이 수익의 세배인 50% 내외의 수익을 얻을 수 있다. 이는 주식 투자보다 훨씬 더 큰 수익을 기대할 수 있는 상황이다.

일반 채권이나 일반 채권 ETF와 비교했을 때, 채권파생 상품은 시장이 예상대로 움직이면 큰 수익을 낼 수 있다. 그러나 단기적으로 금리 변동을 정확히 예측하는 것은 거의 불가능하다. 중장기적으로, 2~3년을 내다보면 금리가 점진적으로 하락할 가능성이 있다. 만약 시장 금리가 장기간 박스권에서 움직일 경우 일반 채권 ETF는 손실이 없지만, TMF는 큰 손실을 입을 가능성이 크다.

일반 채권이나 일반 채권 ETF와 비교했을 때, 파생 상품은 시장이 예상대로 움직이면 큰 수익을 낼 수 있다. 그러나 단기적으로 금리 변동을 정확히 예측하는 것은 거의 불가능하다. 중장기적으로, 2~3년을 내다보면 금리가 점진적으로 하락할 가능성이 있다. 반대로 예상보다 금리가 장기간 박스권에서 움직일 경우 TMF는 큰 손실을 입을 가능성이 크다.

이런 파생 상품은 가격 변동성이 크고 리스크가 높기 때문에, 일반 투자자들은 지양하는 것이 좋다. 내가 채권 파생상품 투자를 권장하지 않는 이유를 다음 두 가지로 정리할 수 있다.

(1) 투기 상품의 성격: 채권 파생 상품은 본질적으로 투기적인 성격을 지닌다. 일반 채권은 금리가 어떻게 변동하든 만기까지 보유하면 은행의 확정 예금처럼 원금과 이자를 받을 수 있다. 반면 TMF는 금리가 예상과 반대로 움직일 경우 큰 손실을 피할 방법이 없다.

(2) 손실 리스크: TMF와 TLT를 동시에 보유한다고 가정했을 때, 1년 뒤에 금리가 동일한 수준이라면, TLT는 원본이 깨지지 않고 오히려 1년 동안의 이자를 더해 원본이 약간 플러스가 될 수 있다.

그러나 TMF는 1년 동안 금리가 크게 변동하지 않아도 손실을 볼 가능성이 크다. 레버리지 상품은 본질적으로 가격 변동 폭이 매일 정산되기 때문이다.

그래서 TMF는 시장이 크게 움직이지 않더라도 가만히 있어도 가치가 서서히 녹아내릴 수 있다. 이런 이유로 일반 투자자들에게는 TMF와 같은 레버리지 상품 투자를 권장하지 않는다.

TMF와 같은 채권 파생 상품은 큰 수익을 기대할 수 있지만, 그만큼 리스크가 크고 단기 변동성에 취약하다. 금리 변동을 정확히 예측하기 힘든 상황에서, 이런 파생 상품은 신중하게 접근해야 한다. 대부분의 투자자에게는 장기적인 안정성을 추구하는 개별 국채나 일반 채권 ETF가 더 적합하다.

그럼 어떤 투자자들이 TMF에 적합할까? 매크로에 대해 충분히 공부하고 기민한Nimble 투자 대응 내지 매매가 가능한 사람들에게 적합하다. 그럼에도 TMF를 장기간 투자하는 것은 추천하지 않는다.

4장

개별 채권, 채권 ETF, 채권 펀드 중 무엇에 투자할까?

개별 채권의 장단점

채권 투자에는 다양한 방식이 있고, 투자자의 목표와 전략에 따라 선택해야 할 방식도 달라진다. 크게 나누어 개별 국채, 채권 펀드 그리고 채권 ETF라는 세 가지 방식이 있다. 각 방식은 그 나름의 장점과 단점을 가지고 있어, 상황에 맞는 현명한 선택이 필요하다. 개별 채권 같은 경우는 국채에만 적합한 방식이다. 우리가 개별 국채를 투자하는 목적이 만기 보유 전략이 아니라 중도 매각 차원이다. 일반적으로 국내 채권 시장에서 중도 매각에 유리한 것은 국채만 가능하다. 물론 경기 상승기에는 일부 회사채도 중도 매각이 가능하지만, 일반적인 사례는 아니다. 특히나 국내에서는 국채가 아닌

것들은 상대적으로 부도 가능성이 있기 때문에 개별 국채(채권)에 투자한다면 국채만 추천한다.

개별 국채 투자의 가장 큰 장점은 안정성이다. 국채는 국가가 발행하는 채권으로, 신용등급이 매우 높아 기본적으로 부도 위험이 거의 없다. 특히 금리가 변동하더라도 만기까지 보유할 경우 원금과 이자를 확정적으로 회수할 수 있다. 그래서 금리 변동의 영향을 크게 받지 않고도 장기적인 재정 계획을 세울 수 있다.

또한 개별 국채 투자에서는 절세 혜택도 중요한 요소다. 국채의 경우, 매각 시 발생하는 차익에 대해 비과세 혜택이 주어지며, 쿠폰 이자만 과세 대상이 된다. 이는 장기 보유 전략을 취하는 투자자들에게 큰 이점으로 작용할 수 있다. 절세를 중요시하는 투자자들에게 개별 국채는 매우 매력적인 선택지다.

그러나 단점도 있다. 개별 국채는 비탄력적인 운용 방식으로, 금리 변동에 따라 유연하게 대응하기 어렵다는 한계가 있다. 만기 전 중도 매각을 통해 수익을 실현할 수 있지만, 그 과정에서 금리 변동에 따른 리스크를 피하기는 쉽지 않다. 또한 국내에서는 주로 국채 외에 우량 채권에 대한 선택지가 부족하다는 점에서 투자 대상이 제한적이라는 한계도 존재한다.

채권 펀드 VS 채권 ETF

채권 펀드는 분산 투자를 통해 다양한 채권에 투자할 수 있는 장점이 있다. 한 펀드를 통해 여러 신용등급의 채권, 이머징 마켓 채권, 그리고 하이일드 채권 등에 분산 투자할 수 있어 리스크 관리가 용이하다. 개별 채권을 매입할 경우 특정 채권에 모든 리스크를 집중시킬 위험이 있지만, 채권 펀드는 이를 다양한 섹터로 분산시켜 보다 안정적인 수익을 기대할 수 있다.

또한 채권 펀드는 탄력적인 운용이 가능하다. 채권 시장의 변동에 따라 적극적으로 운용사가 포트폴리오를 조정하기 때문에, 투자자는 개별적으로 매매 타이밍을 신경 쓰지 않아도 된다.

특히 환율 리스크를 헤지할 수 있는 채권 펀드는 해외 채권 투자 시에도 안전성을 높여준다. 예를 들어, 미국 국채에 투자할 때 원화 강세로 인해 발생할 수 있는 환차손을 방지할 수 있는 옵션이 제공된다.

그러나 채권 펀드는 세금 효과 측면에서 개별 국채에 비해 불리하다. 개별 국채와 달리 배당소득세와 종합소득세가 적용되며, 이러한 세금은 펀드의 전체 수익률을 낮춘다. 세금적 측면에서 채권 펀드가 일반 개별 채권보다 불리하기에, 가능하면 절세계좌(퇴직연금, IRP, 연금, ISA)에 편입하면 효과적이다.

또 펀드는 매매할 때 유동성이 떨어질 수 있다. 매매에 시간이 걸리며, 즉각적인 거래가 이루어지지 않는 경우도 있어 빠르게 시장에 대응하기에는 ETF보다 느릴 수 있다.

채권 ETF는 주식처럼 시장에서 실시간으로 매매가 가능하다는 점에서 큰 장점을 가진다. 이는 투자자가 빠르게 시장에 진입하고, 필요할 때 빠져나올 수 있는 유동성을 제공한다. 주식과 유사한 방식으로 거래할 수 있기 때문에, 단기적으로 채권 시장에 진입하고자하는 투자자들에게 특히 유리하다.

또한 채권 ETF는 비용 효율적이다. ETF는 보통 펀드보다 관리 비용이 저렴하며, 상대적으로 소액으로도 다양한 채권에 투자할 수 있다. 적은 금액으로도 다양한 채권 포트폴리오에 접근할 수 있는 것이다. 이는 자산 규모가 크지 않은 투자자들에게 매우 큰 장점이다.

그러나 채권 ETF는 시간에 민감한 시장 변동성에 더 크게 노출될수 있다. 금리가 하락하지 않거나 예상과 다르게 움직일 경우, ETF는 개별 국채처럼 만기까지 보유하는 안정성 없이 손실을 볼 가능성이 크다. 세금 측면으로 보면, 국내 상장 채권 ETF는 배당소득 대상이며, 해외 상장 채권 ETF는 양도소득세 대상이다. 참고로 배당소득은 종합과세에 포함되고, 양도소득세는 종합과세에 포함되지 않는분리과세다.

결국 개별 국채, 채권 펀드 그리고 채권 ETF는 각각의 장점과 단점을 가지고 있다. 절세를 중요하게 생각하고 안정적인 수익을 추구하는 투자자라면 개별 국채가 더 적합하다. 다양한 채권 섹터에 분산 투자하고 싶거나, 금리 변동에 유연하게 대응하고 싶다면 채권펀드나 채권 ETF가 더 좋은 선택이 될 수 있다.

또 탄력적 운용을 원하고 빠르게 시장에 대응하고자 하는 투자자에게는 채권 ETF가 매력적일 수 있다. 장기적이고 안정적인 수익을 원하거나 세금 혜택을 중시하는 투자자에게는 개별 국채가 더 적합하다. 리스크 분산을 원하고 다양한 채권 섹터에 투자하고자 한다면, 채권 펀드가 좋은 대안이 될 수 있다.

이처럼 자신의 재무 상태와 투자 목표를 고려하여 이 세 가지 방식 중 가장 적합한 것을 선택하는 것이 좋다.

5장

ETF, 제대로 알고 투자해야 한다

채권 ETF 투자 체크리스트

채권 ETF는 그 다양성과 거래의 용이성 덕분에 많은 투자자가 선택하는 방식이다. 특히 소액 투자가 가능하고, 다양한 채권에 쉽게 접근할 수 있다는 장점이 있다.

채권 ETF에 투자할 때는 여러 가지 중요한 요소를 고려해야 한다. 특히 채권 ETF는 금리 변화에 민감하고, 투자자의 전략에 따라 수익률이 크게 달라질 수 있다. 그래서 이러한 요소들을 면밀히 살펴보는 것이 필수다. 채권 ETF를 선택할 때 중요한 세 가지 핵심 기준을 설명하겠다.

1. 만기 수익률

만기 수익률은 투자자가 채권을 만기까지 보유했을 때 기대할 수 있는 수익률을 의미한다. 이는 금리가 변하지 않는다고 가정할 때, 연간 이자 수익이 얼마나 될지를 나타낸다. 예를 들어, 금리가 1년 간 그대로 유지된다고 가정했을 때 이 채권에서 얻을 수 있는 이자 수익이 어느 정도인지 파악하는 것이 중요하다.

만기 수익률은 채권 ETF를 선택할 때 가장 기본적으로 확인해야 할 지표다. 3%, 4%, 5%의 수익률을 비교하여, 금리 변화 없이 기대할 수 있는 수익의 수준을 결정할 수 있다.

2. 듀레이션

듀레이션은 채권 ETF가 금리 변동에 얼마나 민감하게 반응하는지를 보여주는 지표다. 듀레이션이 클수록 금리 변동에 따른 채권 가격 변동 폭도 커진다. 예를 들어, 듀레이션 3년인 채권과 듀레이션 30년인 채권이 있을 때, 금리가 1% 하락하면 듀레이션 3년짜리 채권은 3% 상승하고, 듀레이션 30년짜리 채권은 30% 상승한다. 반대로, 금리가 1% 상승하면 각각 3%와 30%의 손실을 보게 된다.

따라서 금리가 상승할 것으로 예상된다면 듀레이션이 짧은 채권을 선택해 가격 변동을 최소화하는 것이 좋다. 금리가 하락할 것으로 예상된다면 듀레이션이 긴 채권을 선택해 더 큰 가격 상승을 기대할 수 있다.

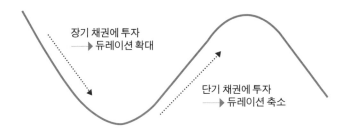

경기 상황별 국채 듀레이션 전략

장기 채권에 투자
➡ 듀레이션 확대

단기 채권에 투자
➡ 듀레이션 축소

• 첫 번째 화살표 경기 하강기, 두 번째 화살표 경기 상승기

3. 신용등급

신용등급은 채권 발행자의 신용도를 평가하는 지표다. 국채는 일반적으로 AAA 등급으로, 매우 안전한 자산으로 평가받지만, 하이일드 채권(고위험, 고수익 채권)은 BB 이하의 등급을 가진다. 경제가 불안정하거나 나빠질 때는, 부도 가능성이 낮은 신용등급이 높은 채권에 투자하는 것이 안전하다. 반대로 위험을 감수하고 더 높은 수익을 기대하는 경우에는 신용등급이 낮은 채권에 투자할 수도 있다.

신용등급이 높은 채권은 경제 불안 시 채권 가격이 상승하는 경향이 있으며, 반면 신용등급이 낮은 채권은 경제 상황에 따라 부도 위험이 높아지기 때문에 주의가 필요하다. 따라서 신용등급을 통해 투자하고자 하는 채권의 위험 수준과 경제 상황에 대한 민감도를 파악하는 것이 중요하다.

4. 거래량

국내 채권 ETF 시장은 본격적으로 활성화된 지 오래되지 않아, 일부 상품의 거래량이 적을 수 있다. 거래량이 충분하지 않으면, 유동성 문제가 발생하여 원하는 가격에 매수 또는 매도가 어려울 수 있다. 거래량이 적으면 적정 가격에 팔기 어려워질 수 있으며, 유동성 위험이 커진다.

따라서 충분한 거래량을 확보한 채권 ETF를 선택하는 것이 중요하다. 거래량이 많은 상품은 투자자들이 관심을 많이 가지고 있는 상품이기도 하므로 투자할 때 참고하자.

해외 채권 ETF는 환차손익에 주의하라

그런데 해외 채권 ETF에 투자할 때는 환율 변동이라는 중요한 변수를 고려해야 한다. 특히 미국 상장 ETF에 투자하는 경우, 원달러 환율의 변동이 수익에 큰 영향을 미칠 수 있다.

환율 변동은 투자에 있어 양면성을 가진다. 때로는 이익을 증대시키기도 하고, 반대로 손실을 확대시킬 수도 있다. 최근 몇 년간 원화는 약세를 보이고 달러는 강세를 보이는 상황이다. 이는 원달러 환율이 상승하면서 달러 자산을 보유한 투자자들에게 이익이 되는 시기일 수 있다. 그러나 시장이 정상화되고 원화가 강세로 전환되면, 달러 자산의 가치가 상대적으로 감소할 수 있다. 이 경우 환차손을 입을 위험이 생긴다.

예를 들어, 1달러에 1,400원일 때 미국 채권 ETF에 투자했다가, 원달러 환율이 1,200원으로 하락하면 달러 가치가 감소하면서 환차손이 발생한다. 이는 채권 수익률에 직접적인 영향을 미치며, 기대 수익을 감소시킬 수 있다.

만약 1,000만 원을 미국 채권 ETF^{TLT}에 투자해 20%의 수익을 얻었다고 해보자. 이는 200만 원의 이익을 의미한다. 그런데 같은 기간 동안 환율이 하락해 13%의 환차손이 발생했다면, 최종 수익은 7%로 줄어들게 된다.

채권은 주식보다 기대 수익률이 상대적으로 낮기 때문에, 환율 변동의 영향이 더 크게 다가올 수 있다. 주식은 변동성이 크지만 수익률도 높기 때문에 환율의 영향을 상쇄할 수 있는 경우가 많다. 하지만 채권은 상대적으로 안정적인 자산이므로 환율 변동의 영향에 더 신중히 대응해야 한다.

이런 문제를 해결하는 방법 중 하나는 환헤징^{hedging}이다. 환헤징이란 투자 시 발생할 수 있는 환율 변동 위험을 미리 방지하는 전략이다. 환헤징을 통해 원달러 환율 변동으로 인한 손실을 방지할 수 있다.

국내에는 원달러 환율을 헤징한 해외 채권 ETF들이 상장되어 있으므로, 이를 통해 환율 리스크를 최소화할 수 있다. 국내 운용사가 운용하는 이 ETF들은 미국 채권에 투자하면서도 환율 변동의 영향을 피할 수 있도록 설계되어 있다.

상품 이름에 (H)가 붙은 경우 환율 변동에 대한 헤징이 되어 있으며, (H)가 없는 경우는 환율 변동에 노출된다. 환율 변동에 민감하지 않은 상품을 찾고자 한다면, 반드시 헤징 여부를 확인해야 한다.

TLT, TMF와 같은 채권 ETF 리밸런싱

금리가 하락할 때 가장 큰 수혜를 받는 상품 중 하나는 장기 채권 ETF다. 금리가 내리면 채권 가격이 상승하는데, 특히 만기가 긴 채권일수록 그 수익률은 크게 상승한다. 그러나 시장은 항상 예상대로만 움직이지 않는다. 시장은 변동성을 가지고 움직이며, 급격한 금리 변동이 일어날 수 있다.

그렇다면 어떻게 효과적으로 투자할 수 있을까? 답은 간단하다. 첫 번째로 한 가지의 ETF 외에 다양한 ETF에 분산 투자하기를 권한다. 두 번째로 시장 매크로 상황에 따라서 적절한 리밸런싱이 필요하다. 이 두 가지를 지키면 수익성과 변동성 위험, 두 가지를 모두 다 잡을 수 있다.

미국 채권에 투자할 때는 보통 미국 10년 만기 국채 금리를 기준으로 삼는다. 이는 시장 금리의 대표적인 지표로, 금리 변동에 따라 채권의 수익률이 크게 좌우되기 때문이다. 지난 한 해 동안 미국 10년 국채 금리는 많은 변동을 겪었지만, 결국 연말에는 다시 원래의 수준으로 돌아왔다.

2023년 초에 미국 10년 국채 금리는 3.87%로 시작했다. 이후 2월에 금리가 4%까지 상승했고, 그 후 실리콘밸리 은행 사태가 발생하면서 금리는 다시 하락했다. 하지만 미 연준과 미국 정부의 대응으로 금리가 다시 오르기 시작해 5%에 도달하기도 했고, 2023년 말에는 결국 3.84%로 다시 하락했다. 결과적으로, 금리는 한 해 동안 여러 변동을 거쳤지만 제자리로 돌아온 셈이다.

이런 시장 상황에서 채권 펀드의 성과는 어떻게 되었을까? 채권 펀드의 수익은 크게 두 가지 요소로 이루어진다. 이자 수익과 자본 손익이다. 이자 수익은 채권이 보유된 기간 동안 발생하는 고정적인 수익이고, 자본 손익은 채권 가격이 오르거나 내리는 데서 발생하는 손익이다.

2023년처럼 채권 금리가 연초와 연말에 거의 같은 수준일 때, 채권 가격의 변동은 결과적으로 0에 가깝다. 즉 금리가 큰 변화 없이 제자리에 돌아왔다면, 채권 펀드는 자본 손익 측면에서 이익도 손실도 보지 못한 상황이다. 이는 듀레이션에 상관없이 동일하게 적용된다. 장기든 단기든, 금리가 연초와 연말에 같다면 채권 가격 변동은 없기 때문이다.

다만, 이자 수익은 지속적으로 발생한다. 채권 투자자들은 채권을 보유한 기간 동안 일정한 이자 수익을 얻는다. 예를 들어, 10년 만기 미국 국채 ETF에 투자했다면, 이자 수익률은 3.8% 정도였을 것이다. 2023년 한 해 동안 미국 국채 투자자들이 얻은 실질적인 수익은 채권 가격 변동 없이 오로지 이자 수익에 해당하는 3.8%였다.

2023년 2월 3일, 필자는 포트폴리오로 장기 채권 ETF^TLT, 단기 채권 ETF^ULST 그리고 이머징 마켓 채권 ETF^EMLC, 세 가지를 추천했다. 이를 통해 채권 투자자들이 다양한 시장 상황에 대응할 수 있도록 분산 투자를 권장했다. 그리고 이후 시장 상황에 따른 리밸런싱을 제안했다. 특히 6월에는 금리 변화와 시장 상황에 따라 포트폴리오를 재조정하는 전략을 다시 소개했으며, 리밸런싱의 중요성을 강조했다.

이때 미국 10년 국채 금리를 기준으로 박스권 트레이딩을 추천했다. 박스권 트레이딩 전략은 시장이 큰 변동을 보이지 않을 때, 금리 구간에 따라 매수와 매도를 반복하는 방식이다. 금리가 4%를 넘을 때는 장기채의 비중을 늘리고, 반대로 3.5% 이하로 내려갈 때는 장기채의 비중을 줄이는 전략을 사용했다. 이 전략은 단기채와 장기채를 적절히 분산 투자하여, 금리 변동에 따른 손익을 조정하고자 하는 것이다.

채권 ETF별 리밸런싱 전략(2023년)

*본 채권ETF 매매전략은 2023년에 사용된 전략이므로, 현재 매크로 상황과는 다소 상이하다. 참고만 부탁드린다.

TLT: 금리가 4%를 넘을 때는 장기채의 비중을 늘리고, 3.5% 이하로 내려갈 때는 줄인다.

ULST: 금리가 하락할 때 장기채에서 비중을 줄인 만큼 단기채의 비중을 확대한다.

EMLC: 이머징 마켓 채권은 그대로 유지하면서 포트폴리오의 다른 부분에서 조정한다.

이 포트폴리오는 장기와 단기 채권을 균형 있게 배치하여, 금리 변동에 따라 적절히 대응할 수 있도록 설계되었다. 특히 장기채와 단기채의 비중을 미국 10년 국채 금리에 맞춰 유동적으로 조정하는 전략을 강조했다.

2023년 한 해 동안 미국 10년 국채 금리가 3.5%에서 5% 사이에서 움직였기 때문에, 이 구간에서 필자는 장기채와 단기채의 비중을 조절하는 전략을 지속적으로 사용했다.

예를 들어, 금리가 4%를 초과할 때는 TLT(장기채)의 비중을 늘려 금리 하락 시 얻을 수 있는 이익을 극대화했다. 반면 금리가 3.5% 이하로 내려갔을 때는 장기채의 비중을 줄이고, 단기채로 비중을 옮기는 방식으로 손실을 줄였다. 이렇게 반복된 조정은 포트폴리오의 변동성을 낮추고, 수익을 극대화하는 데 중요한 역할을 했다.

이 전략을 적용한 결과, 단순히 TLT만을 보유한 투자자보다 훨씬 나은 성과를 얻을 수 있었다. TLT 하나만 보유했을 때는 연간 수익률이 0.89%에 불과했으나, 리밸런싱을 통해 다양한 채권에 분산 투자한 경우 9.34%의 수익을 기록했다. 이는 단순히 장기채 하나에만 집중하는 것보다 분산 투자와 리밸런싱이 더 나은 성과를 가져올 수 있음을 보여준다.

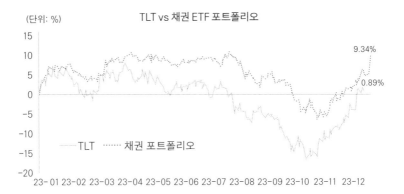

2023년 투자 성과: TLT vs 채권 ETF 포트폴리오(리밸런싱)

(단위: %)

TLT vs 채권 ETF 포트폴리오

9.34%

0.89%

TLT ······ 채권 포트폴리오

15
10
5
0
-5
-10
-15
-20

23-01 23-02 23-03 23-04 23-05 23-06 23-07 23-08 23-09 23-10 23-11 23-12

변동성 측면에서도 큰 차이가 나타났다. TLT 하나만 보유했을 때의 변동성은 18.36%로 매우 높았지만, 여러 채권 ETF를 분산하고 리밸런싱한 경우에는 변동성이 5분의 3 수준으로 떨어졌다. 9.34%의 수익을 얻는 것은 물론 변동성도 크게 줄일 수 있었던 것이다.

앞에서도 말했지만 TMF(3배 레버리지 장기채 ETF)와 같은 파생 상품을 사용할 때는 더욱 주의가 필요하다. TMF는 금리 변동에 민감하게 반응하며, 단순한 장기 보유 전략보다는 스나이퍼처럼 짧은 기간 동안 타이밍에 맞춰 매매하는 것이 중요하다. TMF는 레버리지 상품이기 때문에, 장기적으로 보유하면 시간 지연time decay 효과로 인해 손실을 볼 가능성이 크다.

예를 들어, TLT의 수익률이 0.89%일 때, 이론적으로 TMF는 3배 수익을 기대할 수 있으나, 실제로는 마이너스 17%의 손실을 보았다. 이는 시간 지연 효과(일별 정산제도)와 같은, 파생 상품의 특수한 성격 때문이다. 따라서 TMF와 같은 상품은 단기적인 투자에 적합하며, 길어도 3~6개월을 넘지 않는 전략이 필요하다. 이를 통해 여러 번의 매매 기회를 활용해 수익을 극대화할 수 있다.

이처럼 채권 투자에서 성공하기 위해서는 분산 투자와 리밸런싱이 필수적이다. 특히 금리 변동에 따라 장기채와 단기채의 비중을 조정하는 박스권 트레이딩 전략은 변동성을 낮추고 수익을 극대화하는 데 효과적이다. 단일 ETF에 집중하기보다는 여러 채권 ETF에 분산 투자하고, 시장 상황에 따라 유연하게 비중을 조절하는 걸 추천한다.

특히 TMF와 같은 레버리지 상품은 장기 보유하기보다는 짧은 기간 동안 타이밍에 맞춰 활용하는 것이 적합하다. 장기적으로 채권 투자에서 성과와 변동성을 모두 잡기 위해 리밸런싱 전략을 꾸준히 적용해보자.

6장
채권
직접 투자해보기

장내 채권과 장외 채권의 차이점

채권 거래는 장내 채권과 장외 채권으로 구분된다. 주식은 대부분 장내에서 표준화된 거래 시스템을 통해 거래되지만, 채권은 그렇지 않다. 특히 국채의 경우, 장내 거래에서 매매 가능한 물량이 제한적이다. 국채 종류가 한 100이라고 했을 때 현실적으로 장내 채권에서 거래되는 물량은 20~30%밖에 안 된다. 전체의 70~80%는 장외 채권에서 거래된다는 것이다.

채권이 이렇게 장외에서 거래되는 이유는 뭘까? 국채 같은 경우는 장내 채권의 주 거래자들이 개인들이다. 즉 기관 투자가나 외국인들은 장내에서 거의 거래를 안 한다. 그러다 보니 채권의 종류와 거래되는 채권의 수량과 유동성이 작다는 게 가장 큰 특징이다. 반면 장외 채권 같은 경우는 기관과 외국인이 주로 거래하고 개인들도 다 활용하기 때문에 일단 보유 물량이 압도적으로 많다. 거래 비용만 놓고 보면 장내 채권이 더 매력적인 게 맞다.

하지만 종합적으로 포트폴리오를 짜려고 하면 장내 채권으로만 매수하는 데는 현실적으로 좀 어려움이 있을 것이다. 유동성과 거래 종목 수가 적기 때문이다.

가격에 민감하게 영향을 받는 장기 채권들 같은 경우는 장내에서 거래하는 데 현재는 별로 어려움이 없다. 그런데 만약 한 1~2년 뒤에 금리가 좀 많이 내려가서 채권 가격이 많이 올라간다면 어떻게 될까? 이 거래를 하는 사람은 다 개인이기 때문에 나중에 매도를 한다고 했을 때 매수할 수 있는 세력이 없을 수 있다. 즉 거래 매수를 받쳐줄 개인이 생각보다 적을 리스크가 좀 있는 것이다.

반면 장외 채권 같은 경우는 보유 물량도 많고 거래가 상당히 많아서 나중에 매도하는 데도 별로 이슈가 없다. 그래서 비용이 발생하지만 장외 채권을 일정 부분 활용하는 게 필요하다.

장외 채권의 경우 증권사마다 상황이 좀 많이 다르다. 소형 증권사보다는 대형 증권사가 상대적으로 장외 채권을 많이 보유하고 있고 거래도 원활한 게 사실이다.

그런데 어떤 대형사에 가면 장외 채권이 거래를 할 때 최소 10억 원은 되어야 거래를 해준다고 하는 경우가 있다. 그리고 나중에 매도할 때도 일정한 액수가 되어야만 그 지점에서 장외 채권을 거래해

줄 수 있다고 한다. 그러면서 장외 채권 거래를 하는 것에 난색을 표하는 증권사들이 있다.

반대로 대형 증권사지만, 장외 거래로 국채 같은 것을 1,000원 단위로도 거래할 수 있게 시스템을 구축한 데도 있다.

이 차이는 어디에서 오는 걸까? 쉽게 말하면 증권사가 자체 자금으로 국채라는 재고자산을 대량으로 매수하여 보관하다가, 매수를 희망하는 고객들에게 편하게 거래할 수 있도록 해준다. 그런데 매수해두는 규모가 작으면, 즉 증권사가 보유하고 있는 국채 물량이 적으면 고객들한테 제시할 수 있는 수량도 적을 수밖에 없다. 그렇게 되면 장외에서 직접 거래를 해야 하기 때문에 10억 정도는 되어야 거래가 가능하다.

정리하면, 일정 부분 장외 채권 거래가 필요하다. 장외 채권은 중소형사보다는 대형사가 거래하기 용이하지만, 대형사 간에도 차이가 크다. 그렇기 때문에 장외 국채를 원활하게 거래하려면 거래 중인 증권사 PB에게 문의해봐야 한다.

"당신네 회사가 보유하고 있는 국채 물량이 얼마만큼 있나요?"

보유 물량이 많다면 고객 입장에서 다양한 종목을 적은 금액으로도 매매할 수 있을 것이다. 그리고 나중에 매도할 때도 그 증권사를 통해 원활하게 장외 채권을 매도할 수 있다.

만약 장내 채권을 매수했는데, 나중에 매도하기가 용이하지 않다면 그것은 장외 채권으로 매도하면 된다. 일부 대형 증권사 같은 경우는 MTS 모바일에서 장내와 장외를 모두 다 거래할 수 있게 해놓

왔다. MTS에서 장외 채권이 바로 많이 보인다는 것은 그 증권사가 보유하는 국채가 꽤 있다는 뜻이다.

이제부터 MTS에서 장내와 장외 채권을 동시에 거래할 수 있는 증권사 시스템을 통해 채권 거래하는 방법을 설명하겠다.

MTS(모바일 트레이딩 시스템)로 채권 매수하기

1. **채권 검색**: 특정 증권사의 MTS에서 '국고'라고 검색하면 해당 증권사가 보유한 국고채 리스트가 나타난다. 이 리스트에는 다양한 채권이 표시되며, 각 채권의 쿠폰 이자와 만기일이 나온다.

실제 화면을 보자. 먼저 현재 가격이 10,684원이라고 적혀 있다. 다음 화면을 보면 종목명이 나온다. 종목명을 보면 앞 숫자인 '03250'은 쿠폰 이자율이 3.250%라는 것이다. 그 뒤에는 '5303'라고 적혀 있는데, 이건 2053년 3월이 만기라는 뜻이다. 그 옆 괄호 안에 (23-2)이라고 되어 있다. 이건 2023년에 2번째로 발행된 국채라는 뜻이다.

이런 정보를 보고 이자가 어떻고 만기는 언제인지 알 수 있다. 그러면 자신이 원하는 이자율과 만기의 채권을 선택할 수 있을 것이다.

2. **채권 선택**: 본인이 원하는 쿠폰 이자율과 만기일을 기준으로 채권을 선택한다. 예를 들어, 쿠폰 이자가 높은 장기 채권을 원하면 쿠

폰이 높은 채권을 선택하고, 절세를 목표로 한다면 쿠폰이 낮은 장기 채권을 선택할 수 있다. 또한 만기 5년 정도 남은 채권을 찾고자 한다면, 만기일이 2027년인 채권을 선택할 수 있다.

3. **채권 정보 확인**: 선택한 채권의 상세 정보를 확인할 수 있다. 만기가 2024년 12월이다. 그러면 국채의 현재 가격이 9,840원이고 이자율은 1.875%지만 만기에는 만 원을 돌려받는다. 따라서 할인 차익도 기대할 수 있다.

4. **매매 실행**: MTS에서 채권을 매수할 때는 주식과 동일한 방식으로 거래할 수 있다. 채권 리스트에서 원하는 채권을 선택하고, 매수금액을 입력한 후 거래를 실행하면 된다.

예를 들어 2025년 10월 만기인 채권을 찾고 싶으면 '25-10'을 검색하면 된다. 검색이 되면 장내에서 거래가 되는 것이다. 만약 검색을 했는데 매매 잔량이 없다면 장내에서 지금 거래 유동성이 없는 것이다. 장내 채권은 일반 주식과 똑같이 거래할 수 있다.

채권, 매매 차익도 가능하다

금리를 구성하는 두 가지

채권 수익원은 크게 이자 수익과 매각 차익이다. 이 매각 차익은 시중 금리와 밀접하게 연관되어 있다. 시중 금리가 상승하면 채권 가격은 하락하고, 반대로 시중 금리가 하락하면 채권 가격이 상승하는 메커니즘이 있다. 따라서 채권 매매 차익을 극대화하기 위해서는 시중 금리의 변동을 잘 예측하는 것이 중요하다.

여기서는 시중 금리(명목 금리)가 어떤 메커니즘으로 구성되는지 설명하겠다. 금리를 이해하면, 금리 변동에 따른 채권 가격의 변화를 보다 직관적으로 이해할 수 있다.

금리는 크게 두 가지 요소로 나눌 수 있다. 이를 설명하는 이론이

'피셔Fisher 방정식'이다. 시중 금리 혹은 국채 금리는 두 가지 주요 요소가 합쳐져서 결정된다.

(1) 실질 이자율: 명목 금리에서 인플레이션을 차감한 금리
(2) 기대 인플레이션: 미래에 예상되는 물가 상승률

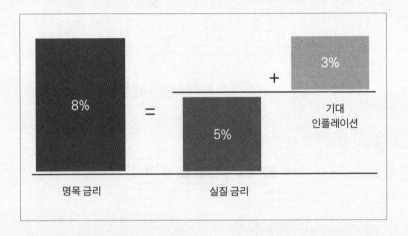

예를 들어, 명목 금리가 9%라고 하고, 실질 이자율이 4%, 기대 인플레이션이 5%라고 하면, 명목 금리는 실질 이자율과 기대 인플레이션율의 합이 되는 것이다.

이러한 메커니즘을 이해하면 금리가 어떻게 변동할지 예측할 수 있고, 그에 따라 채권 매매 전략을 세우는 데 도움이 된다.

인플레이션과 실질금리가 상승하게 되면 명목 금리가 상승하게 된다. 인플레이션이나 실질 금리가 상승할 것으로 예상되면 채권 가격이 하락하므로 매도를 고려할 수 있다. 반대로 인플레이션이나 실

질 금리가 하락할 것으로 예상되면 채권 가격 상승을 기대하며 매수하는 전략이 유효할 수 있다.

시중 금리 예측하는 법

우리가 기대하는 것은 금리가 하락해서 채권 가격이 상승하는 것이다. 그렇다면 시중 금리가 내려갈지 어떻게 예측할 수 있을까? 간단히 말하자면, 실질 금리와 물가의 변화를 통해 판단할 수 있다.

(1) 실질 금리: 실물 경제와 연관된다. 경제가 둔화될 때, 실질 금리는 하락하는 경향이 있다. 예를 들어, 한국과 미국 모두 내년에 경제가 둔화될 것으로 예상된다면, 실질 금리는 낮아질 가능성이 크다.

(2) 물가: 인플레이션이 잡히면 금리도 내려간다. 많은 전문가가 내년에 물가가 안정될 것이라고 예상한다면, 명목 금리(시장 금리)도 하락할 가능성이 있다.

이 두 가지 요인, 즉 경제 둔화와 물가 안정이 동시에 이루어지면, 시중 금리는 자연스럽게 하락하게 된다. 금리 하락은 곧 채권 가격 상승으로 이어지므로, 이때 미리 채권에 투자하면 수익을 기대할 수 있다.

그럼 실질 금리는 어떻게 계산할까? 실질 금리는 명목 금리에서 인플레이션을 차감한 값이다.

$$실질\ 금리 = 명목\ 금리 - 물가상승률$$

예를 들어, 만약 은행에서 제공하는 1년 정기예금의 금리가 3.5%라면, 이것은 명목 금리다. 물가상승률이 2%라면 실질 금리는 1.5%다. 명목 금리가 3.5%인 상황에서 물가상승률이 4%라면, 실질적으로는 예금을 통해 얻는 이자 수익보다 물가가 더 올라서, 구매력이 감소한 것이다. 즉 실질 금리는 마이너스 0.5%가 되어 자산가치가 하락하는 것을 의미한다.

또 다른 예를 보자. 만약 브라질의 명목 금리가 12%이고 물가 상승률이 5%라면, 실질 금리는 7%다. 이처럼 높은 실질 금리는 경제가 안정적이며 물가가 잘 통제되고 있다는 의미로, 투자자들에게는 매력적인 상황이 될 수 있다.

실질 금리는 경제 상태와 연결된다. 경제가 좋을 때는 실질 금리가 높고, 안 좋을 때는 실질 금리가 낮아진다. 따라서 경제가 둔화되면 실질 금리가 하락할 것이고, 시중 금리(명목 금리)도 이에 맞춰 하락하게 된다. 저성장이나 경기 둔화가 예상될 때, 실질 금리가 낮아지고, 이는 금리 하락의 요인으로 작용한다.

여기서 한 가지 꼭 잊지 말아야 할 것은 실질 금리는 단기간에 바뀌지 않는다는 것이다. 실질 금리는 좀 긴 호흡으로 금리에 영향을 미치는 변수다. 단기 금리에 절대적 영향을 미치는 것은 사실은 기

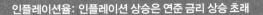

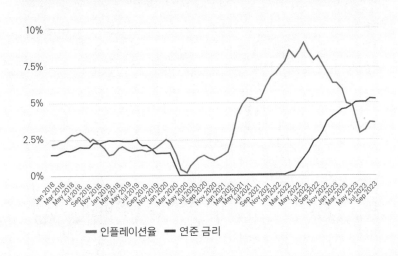

— 인플레이션율 — 연준 금리

대 인플레이션이다.

인플레이션이 상승하면 연준은 정책 금리를 인상해 경제의 과열을 막고, 물가를 안정시키려 한다. 이로 인해 시장 금리와 국채 금리도 함께 상승하는 경향을 보인다.

2018년부터 최근까지의 데이터를 보면, 연준의 정책 금리 인상 시기에 10년 만기 미국 국채 금리 역시 상승하는 것을 확인할 수 있다. 즉 정책 금리가 상승하면 시중 금리도 따라서 상승한다.

결론적으로, 인플레이션이 올라가면 정책 금리가 상승하고, 이에 따라 시중 금리와 국채 금리도 상승하게 된다. 반대로 인플레이션이 잡히면 시중 금리도 하락하게 된다. 따라서 국채 금리 전망은 인플레이션 전망과 매우 밀접하게 연결되어 있다고 볼 수 있다.

다음 그림은 시장 금리와 인플레이션의 관계를 나타낸다. 회색은

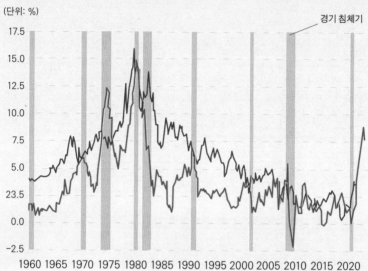

시장 금리와 인플레이션의 관계

(단위: %)

경기 침체기

17.5
15.0
12.5
10.0
7.5
5.0
23.5
0.0
-2.5

1960 1965 1970 1975 1980 1985 1990 1995 2000 2005 2010 2015 2020

— 미국 10년 만기 국채 금리   — 미국 소비자물가지수(CPI)

• 자료: Bloomberg

미국의 물가 CPI고 약간 빨간색은 미국의 10년 국채 금리다. 지난 50년간의 데이터를 보면, 물가가 상승하면 국채 금리도 따라서 올라가고, 물가가 안정되면 국채 금리도 하락하는 경향이 있다.

따라서 물가의 움직임이 시장 금리 또는 국채 금리의 방향을 결정짓는 중요한 요소라고 할 수 있다. 특히 명목 금리는 실질 금리와 인플레이션이 합쳐져 형성되는데, 인플레이션은 단기간에 영향을 미치기 때문에 물가의 변동에 따라 명목 금리도 변한다.

결국 물가가 안정되면 금리도 하락할 가능성이 크며, 국채 금리 전망은 인플레이션 전망과 매우 밀접하게 연결되어 있다. 인플레이

선이 중요한 금리의 방향성을 결정하는 요인이라는 점을 기억하자

(1) 인플레이션 상승 → 시중 금리 상승 → 기존에 발행된 낮은 금
리의 채권은 매력이 떨어져 채권 가격 하락
(2) 인플레이션 하락 → 시중 금리 하락 → 채권 가격 상승

결론적으로 국채에 투자할 최적의 시기는 물가가 안정되고 인플레
이션이 잡힐 때다. 이유는 간단하다. 인플레이션이 안정되면 시중 금리
가 내려가고, 시중 금리가 내려가면 국채 가격이 상승하기 때문이다.

# 채권, 리스크 줄이는 법

아직 침체는 나타나지 않았다

금리 하락 가능성, 안정적인 수익, 절세 혜택 등 제반 요인을 고려할 때, 2024년 10월을 기준으로 본 경제 상황에서는 채권에 투자하는 것이 더 적합하다고 볼 수 있다. 그 이유에 대해 좀 더 자세히 설명해보겠다.

우선 매크로 경제 환경을 근거로 들 수 있다. 현재 글로벌 경제를 논할 때 흔히 미국 경제에 초점을 맞추는 경향이 있다. 이유는 미국이 GDP로는 전 세계의 25~27%를 차지하지만, 금융 시장에서는 훨씬 더 큰 비중을 차지하기 때문이다.

미국 주식과 채권 시장이 전 세계 금융 시장의 절반 이상을 차지하고 있으며, 나머지 세계 시장도 미국 시장의 영향을 크게 받는다. 이를 통해 매크로 환경에서 주식보다 채권이 더 매력적인 이유를 설명할 수 있다.

미국 중앙은행이 금리를 올리는 것은 경제를 조절하고 인플레이션을 억제하는 효과를 가지지만, 금리가 너무 높아지면 경제에 부정적인 영향을 줄 수 있다. 금리는 마치 자동차의 브레이크와 같아서, 과속을 막기 위해 적정 속도를 유지하게 만든다. 하지만 과도하게 속도를 줄이면 경제가 둔화될 위험이 있다.

중립 금리는 경제에 무리 없이 인플레이션을 조절할 수 있는 적정 금리 수준인데, 2024년 미국의 금리는 중립 금리를 넘어선 상황이다. 5.5%까지 상승한 금리는 이미 경제에 부담을 주기 시작하는 수준이다. BCA와 같은 리서치 기관들은 중립 금리를 약 3.5~4.0%로 보고 있기 때문에, 2024년 9월 금리 인하 전의 금리 수준(5.25~5.50%)은 브레이크를 과하게 밟고 있는 상황이라고 볼 수 있다.

흥미로운 점은, 이러한 고금리 환경에도 불구하고 미국 경제는 여전히 강하게 유지되고 있다는 점이다. 경기 침체가 예상되었지만, 아직 큰 침체가 나타나지 않았다. 그러나 이와 같은 시차 효과는 2025년 중에 나타날 가능성이 높다. 금리 인상의 후유증이 경제에 영향을 미칠 수 있으며, 이는 채권 시장에 기회를 제공할 수 있다.

2023년에 금리가 급격히 인상되었음에도 불구하고 경제가 바로 침체되지 않았던 이유는 두 가지다. 첫 번째 이유는 코로나 팬데믹 동안 미국 정부가 기업과 개인들에게 막대한 현금을 지원했기 때문이다. 덕분에 많은 가정과 기업이 금리 인상에 따른 즉각적인 충격을 받지 않고 경제를 유지할 수 있었다. 두 번째 이유는 바이든 행정부의 재정 지출 확대였다. 특히 IRA 법안 등을 통해 정부가 적극적으로 지출하면서 경제에 활력을 불어넣었다.

그러나 2025년에는 상황이 다를 것으로 예상된다. 초과 저축은 점차 소진되고 있으며, 공화당이 정부의 추가 지출에 제한을 두면서 바이든 행정부의 재정 지출도 축소되었다. 이로 인해 버퍼 효과가 사라지면서 긴축의 영향이 본격적으로 나타날 가능성이 커졌다.

2024년 10월 연준의 금리 수준은 중립 금리를 넘어서서 경제를 옥죄는restrictive 수준이었다.

하지만 현재 미국 경제가 여전히 강세를 보이고 있어, 연준이 금리를 너무 빨리 인하할 가능성은 적다. 금리 인하를 너무 서두르면 물가가 다시 상승할 위험이 크기 때문이다. 반대로, 금리 인하를 늦추면 경제는 침체될 위험이 커진다.

적어도 1년의 기간을 두고 채권에 투자하라

주식과 채권은 서로 상반되는 특성이 있기 때문에, 경제 상황에 따라 매력도가 달라진다. 결론적으로 금리 인하가 빨리 이루어지면 주식에 유리한 뉴스일 수 있지만, 채권에도 좋은 뉴스다. 왜냐하면 금리 인하는 채권 금리를 떨어뜨려 채권 가격을 올리기 때문이다.

주식의 경우 금리 인하가 빨리 단행되면 주식 시장에 긍정적인 뉴스다. 이는 연준이 경제를 소프트랜딩 시키려는 노력이므로, 주식 시장이 상승할 가능성이 있다.

금리 인하의 시기가 늦어지면 어떨까? 경제 상황이 악화되어 어쩔 수 없이 금리 인하를 하는 경우, 주식은 부정적인 영향을 받는다. 이 경우 금리 인하는 경제가 나빠졌다는 신호로 해석되기 때문에 주식에는 좋지 않은 뉴스다.

그럼 채권의 경우를 보자. 금리 인하의 시기가 빨리 오면 채권에도 긍정적이다. 금리가 떨어지면 채권 가격이 올라가 채권 투자자들에게 이익을 가져온다. 다만 이 경우 금리 하락 폭이 제한적일 수 있다. 반면 경제 상황이 악화되어 금리 인하가 이루어질 경우, 채권은 더욱 큰 수익을 얻을 수 있다. 경제가 침체될수록 금리가 더 많이 내려가게 되어 채권 가격이 더 크게 상승할 가능성이 높다.

따라서 금리가 인하의 시기가 빨리 오면 채권은 항상 긍정적인 영향을 받는다. 다만 빨리 금리 인하가 이루어지면 채권은 어느 정도 좋아지고, 늦게 인하가 단행되면 더욱 수익이 좋아진다. 연준이 금리 인하를 너무 빨리 하면 물가 상승 우려가 다시 생기고, 늦추면 경제 침체가 불가피해질 수 있다. 연준은 이 딜레마 속에서 금리 인하 시점을 결정해야 한다.

따라서 채권 ETF에 투자할 때는 1년 정도의 시간을 생각하고 접근하는 것이 중요하다. 이자 수익은 일정한 시간이 지남에 따라 자연스럽게 발생한다. 그리고 중간에 유리한 금리 상황이 오면 매매하여 이익을 실현할 수 있다. 그러나 기본적으로 1년 정도의 투자 기간을 염두에 두어야 한다.

이자 수익은 높을수록 좋은 것처럼 보이지만, 이자율이 높다는 것은 그만큼 위험도가 높다는 뜻이기도 하다. 따라서 경제 상황에 따라 안정적인 채권을 선택할지, 공격적인 채권을 선택할지 고민할 필요가 있다.

500만 원으로 채권 투자 시작해보기

500만 원으로 채권에 투자할 수 있을까?

채권이라고 하면 자산가나 은퇴한 사람들이 많은 금액을 투자해야 하는 것으로 생각하는 사람들이 있다. 그러나 꼭 그런 건 아니다. 청년들도 비교적 적은 금액으로 채권 투자를 해볼 수 있다. 예를 들어 500만 원으로 채권 투자를 시작한다면 어디에 어떻게 투자해야 할까?

젊은 사람들의 가장 큰 장점은 시간을 가지고 있다는 것이다. 예를 들면 필자와 같은 사람은 은퇴까지 5~10년 정도의 시간이 남아 있지만, 젊은 사람들은 적어도 30년이라는 시간을 가지고 있다. 그래서 흔히 '돈을 잃어도 다시 벌 수 있다'는 생각으로 주식 투자를 많이 하게 된다. 하지만 시간을 갖고 있다는 점을 다르게 활용하는 방법도 있다. 시간을 잘 활용하면 정말 큰 수익을 낼 수 있는 기회가 있다.

예를 들어, 예금의 이자율이 3%이고, 채권 투자를 통해 장기적으로 2% 더 높은 수익률을 얻는다고 했을 때, 30년이라는 긴 시간 동안 상당한 수익 차이를 만들어낸다. 이처럼 시간을 활용한 중장기 투자는 채권에서 더 유리한데, 채권은 시간의 함수로 움직이기 때문이다.

이에 비해 주식은 단기간에 큰 성과를 내기도 하지만 큰 손실을 볼 위험도 크다. 특히 주식의 규모가 커질수록 자신의 생업보다 주식에 더 신경을 쓰게 되고, 본업에 집중하지 못하는 경우가 발생할 수 있다.

반면에 채권은 시간에 따른 안정적인 수익을 기대할 수 있다. 시간의 힘을 이용해 장기적으로 큰 수익을 낼 수 있기 때문에, 채권을 필수적으로 고려하는 것이 좋다.

채권 ETF에 투자하라

젊은 투자자나 소액 투자자에게는 채권 ETF가 적합하다. 채권 ETF는 개별 채권에 비해 매매 비용이 적고, 현금화가 쉽기 때문에 유연한 대응이 가능하다. 특히 현재와 같이 금리 인하가 시작된 시기에는 국채 ETF가 유리하다.

금리가 인하될 것으로 예상되면, 국채 시장 금리가 하락하고 국채 가격이 오른다. 그렇기 때문에 선제적으로 국채 ETF에 투자하는 것이 좋다. 시장은 항상 정책 금리보다 먼저 움직이기 때문에, 금리 인하 후에 국채를 사는 것은 늦을 수 있다. 따라서 현재와 같은 금리 인하 국면에서는 국채 ETF에 우선적으로 투자하는 것이 적절하다.

채권 ETF는 장기적으로 안정적인 수익을 추구하면서도, 주식 투자처럼 유연하게 대응할 수 있는 장점을 가지고 있다. 그러므로 젊은 투자자들에게 매우 유리한 선택이 될 수 있다.

그럼 한국 상장 채권 ETF와 미국 상장 채권 ETF 중 어느 것을 선택할까? 이건 투자자의 성향과 통화 리스크 관리에 대한 접근 방식에 따라 다르다.

우선 미국 상장 EIF는 선택의 폭이 넓고, 다양한 옵션을 통해 유연한 운용이 가능하다는 장점이 있다. 이머징 마켓 채권이나 하이일드 채권, 모기지 채권 등 다양한 상품이 미국에서 상장되어 있기 때문에, 투자의 유연성을 중시하는 사람들에게는 매력적일 수 있다.

하지만 미국 상장 채권 ETF를 선택할 경우 달러로 거래되기 때문에 통화 리스크가 존재한다. 환율 변동으로 인해 미국 국채 금리가 떨어져 수익이 나더라도, 달러 가치가 하락하면 환차손으로 인해 손실을 볼 수 있는 위험이 따른다.

반면 한국 국채 ETF는 상대적으로 변수가 적고, 환율 리스크가 없다는 점이 큰 장점이다. 한국 국채와 미국 국채 금리는 대체로 같은 방향으로 움직이는 경향이 있다. 그렇기 때문에 미국에서 금리가 인하될 경우 한국에서도 같은 현상이 발생할 가능성이 높다.

그러나 한국 국채 ETF는 달러 대비 원화의 변동성에 영향을 받지 않으므로, 환율 리스크에서 자유롭다는 점에서 안정적이다. 투자에서 가장 중요한 것은 예측 가능한 변수의 수를 줄여 리스크를 관리하는 것이므로, 이 점에서 한국 국채 ETF는 매력적인 선택이 될 수 있다.

또한 한국 경제는 미국 경제에 비해 상대적으로 부진한 상태에 놓여 있기 때문에 금리가 더 큰 폭으로 하락할 가능성이 있다. 미국 경제가 강세를 보이는 동안에도 한국 경제는 다양한 구조적 문제에 직면해 있다. 그래서 한국 국채 금리는 미국보다 더 크게 하락할 여지가 있다. 이러한 상황에서 한국 국채 ETF는 더 높은 수익을 기대할 수 있는 투자처가 될 수 있다.

더 나아가, 한국의 프로젝트 파이낸싱 부채 문제 등 금융 시장의 잠재적인 뇌관이 터질 경우, 한국의 정책 금리를 더욱 큰 폭으로 끌어내릴 수 있다. 이때 국채에 투자한 사람들은 금리 하락으로 인한 가격 상승을 통해 더 큰 수익을 기대할 수 있을 것이다. 반면 이런 경제적 위기는 주식시장에서는 부정적인 영향을 미칠 가능성이 크므로, 국채에 대한 투자가 상대적으로 안전한 선택이 될 수 있다.

따라서 통화 리스크를 줄이고자 한다면 한국 국채 ETF를 선택하는 것이 현명하다고 본다. 또 다양한 선택지와 유연한 투자 운용을 선호한다면 미국 상장 채권 ETF를 고려할 수 있다.

3부

지금은
국채의 시간

국채가 예금보다
좋은 이유 4가지

국채에 투자해야 하는 이유

왜 국채에 투자해야 하는가? 대전제는 ETF가 아니라 개별 국채라는 걸 먼저 일러두고자 한다. 국채를 반드시 갖고 있어야 하는 이유를 크게 네 가지로 볼 수 있다.

1. 국채는 예금보다 더 안전하다

이는 경제적 위기 상황에서 특히 두드러진다. 예를 들어, 은행 시스템에 위기가 닥치면 많은 사람이 은행에서 대규모 자금을 인출하는 뱅크런 현상이 발생할 수 있다. 이런 상황에서 아무리 튼튼한 은행이라도 유동성 문제를 겪게 된다. 반면 국채는 그러한 위기 상황에서 더 안전한 투자처로 주목받으며, 오히려 가격이 상승하는 경향을 보인다.

2023년 3월 초에 발생한 실리콘밸리 은행^{SVB} 사태는 이 같은 현상의 좋은 예다. 이 사태 이전에 미국 10년 국채 금리는 약 4% 수준이었으나, 뱅크런 사태 이후 한 달 만에 0.7%포인트 하락하며 3.3%가 되었다. 이는 국채 가격이 급등했음을 의미한다. 금리가 하락하면 채권 가격은 상승하기 때문에, 국채 투자자들은 오히려 이 상황에서 큰 이익을 보게 된 것이다.

이런 현상은 '안전자산 선호현상$^{Flight to Quality}$'이라고 부른다. 금융 시스템이 불안정할 때 많은 투자자가 가장 안전한 자산으로 평가받는 국채로 자금을 옮기는 경향을 보인다. 그 결과, 국채에 대한 수요가 증가한다. 수요가 많아지면 가격이 오르고 금리는 내려가는 구조가 형성된다. 다시 말해, 경제가 위험해질수록 국채 가격이 상승하며, 이는 국채 투자자들에게 유리하게 작용한다.

또한 국채의 보장 수준도 예금보다 뛰어나다. 예금은 한도가 있어 최대 5,000만 원까지만 보장된다. 하지만 국채는 그 금액에 제한이 없으며 전액 보장이 이루어진다. 즉 금융 시스템이 위기에 빠질 때도 국채는 안정성과 수익성을 동시에 제공하는 투자처다.

2. 국채는 예금보다 유연하다

국채는 예금보다 더 안전하면서도 유연한 투자 전략을 제공하는 자산이다. 이를 기반으로 국채에 투자하는 두 가지 주요 전략을 이야기할 수 있다.

첫 번째는 만기까지 보유하는 것이다. 국채는 만기까지 보유하면 확정 예금과 동일한 효과를 준다. 예를 들어, 10년짜리 국채에 투자하고 연 4% 금리를 받는다면, 이는 10년간 4%의 이자를 확정적으로 받는 것이다. 그러면 마치 10년 만기 예금에 가입한 것과 같은 효과가 생긴다. 예금과 달리 국채는 매년 이자를 받는 구조이므로, 장기적인 안정성과 현금 흐름을 동시에 누릴 수 있다.

특히 현재와 같이 금리가 상대적으로 높은 상황에서 10년짜리 국채에 투자한다면 10년간 고정된 금리를 보장받을 수 있다. 이는 향후 금리가 하락할 가능성을 고려할 때 더욱 매력적인 투자다.

저출산과 고령화로 인해 중장기적으로 예금 금리와 국채 금리가 하락할 가능성이 크기 때문에, 지금과 같은 시기에 고정된 수익을 제공하는 국채에 투자하는 것은 매우 유리할 수 있다.

반면 예금은 2~3년 만기로 설정되기 때문에 재투자 리스크가 발생한다. 금리가 떨어질 경우, 만기 후 재투자 시 더 낮은 금리로 재투자해야 하는 문제가 생긴다. 국채는 이런 리스크 없이 장기간 안정적인 금리를 보장한다.

두 번째로 예금과 달리 중도 매각할 수 있다. 매수 이후 시중 금리가 하락하면 국채 가격이 상승하는데, 이때 중도에 매각하여 이익을 실현할 수 있다. 즉 단순히 만기까지 보유하지 않고 시장의 금리 변화에 따라 유연하게 대응할 수 있는 것이 국채의 강점이다. 예금은 만기 때까지 금리가 고정되지만, 국채는 금리가 하락할 때 가격이 상승하여 중간에 팔아도 이익을 볼 수 있다. 이는 투자 관리를 보다 유연하게 할 수 있게 해주며, 특히 경제가 불안정할 때 큰 이점을 제공한다.

3. 국채는 개인 자산 포트폴리오의 위험 헤징 자산이다

일반적으로 개인의 포트폴리오는 크게 세 가지로 구성된다. 첫째는 사업체나 직장, 둘째는 부동산, 셋째는 주식 또는 예금이다. 그러나 이 포트폴리오는 모두 경제가 좋아야만 잘 작동하는 자산들이다. 경제가 성장할 때 사업체는 번창하고, 직장에서 인센티브를 받을 수 있으며, 부동산 가격도 상승하고 주식도 좋은 성과를 낸다. 그러나 경제가 하락세에 접어들면, 사업체는 어려움을 겪고 직장에서의 안정성도 흔들리며, 부동산과 주식은 가치가 떨어질 수 있다.

이처럼 한쪽 사이클에 의존하는 포트폴리오는 위험하다. 경제 침체가 올 때마다 포트폴리오 전체가 흔들릴 수 있기 때문이다. 이런 상황에서 국채는 경제 하락기에 버팀목이 될 수 있는 자산이다. 경제가 나빠지면 금리가 하락하고, 이로 인해 국채 가격은 상승한다. 즉 경제가 나빠질수록 국채의 가치는 오히려 증가하게 되므로, 포트폴리오 전체의 균형을 유지해주는 역할을 한다.

4. 절세 효과가 있다

국채 투자의 또 다른 중요한 장점은 절세 효과다. 특히 개별 국채에 투자할 때, 이자 수익만 과세 대상이 되고, 할인 차액이나 매매 차익은 비과세다. 예금의 경우 이자에 대해 전액 과세가 되지만, 개별 국채는 이자 외의 수익에 대해서는 세금을 내지 않는다.

미국 단기 국채에 주목해야 하는 이유

한국과 미국의 금리 추세는 대체로 유사한 흐름을 보이지만, 2024년 하반기 현재 한국과 미국의 금리 구조는 매우 상반된 모습을 보인다. 한국의 경우, 단기 금리보다 중장기(10년) 금리가 더 높은 상황이다. 2024년 11월 기준으로 한국 단기 채권(2년)의 금리는 2.9% 수준이다. 이러한 금리 수준은 한국의 정책 금리가 3.25%로 설정되어 있기 때문이다.

반면, 미국은 장단기 금리 역전 현상이 여전히 진행 중이다. 따라서 장기 금리(10년)보다 단기 국채 금리가 더 높다. 참고로 단기 국채 금리는 연준 정책 금리에 매우 민감하게 움직인다. 현재 연준금리는 4.50 ~4.75%다. 물론 향후 정책 금리가 더 하락하면 단기채 투자 매력이 감소하지만 현재까지는 단기 국채를 투자하여 상대적으로 높은 금리로 확정 수익과 절세 효과를 누릴 수 있다.

1~2년 미만 단기 국채에 투자하는 방법으로는 크게 두 가지가 있다. 첫째는 최근 발행된 단기 국채를 매수하는 것이다. 둘째는 기 발행 채권 중 잔존 만기가 1~2년 미만인 채권에 투자하는 방법이다.

필자는 미국 단기 국채에 투자하는 방법으로 잔존 만기가 얼마 남지 않은 기 발행 채권 투자를 추천한다. 왜냐하면 2~3년 전에 발행된 채권은 당시에 매우 낮은 쿠폰 금리로 발행했기에, 절세 효과가 매우 크기 때문이다.

금리 변동 리스크를 최소화하고, 확정된 이자 수익을 원하는 사람이라면 단기 국채 투자를 추천한다. 특히 미국 단기 채권은 한국 단기 채권과 달리 상대적 고금리(4% 후반)를 제공하기 때문에 매력적인 투자 대안이다. 필자는 단기 채권으로 매각 차익을 노리기보다는 만기 보유할 목적으로 투자하기를 추천한다.

이런 방식의 투자에는 크게 두 가지 장점이 있다. 첫째, 만기까지 보유하게 되면 중간에 시중 금리가 변동하더라도 예금과 같이 높은 확정 수익을 얻을 수 있다는 장점이 있다. 둘째, 잔존 만기가 짧은 기 발행 미국 국채는 쿠폰 금리가 0.25~0.375% 수준이므로 절세 효과가 매우 크다. 참고로 채권 쿠폰 이자는 배당소득이다. 따라서 세금을 최소화하기 위해서는 쿠폰 금리가 낮을수록 유리하다.

실제 투자 가능한 미국 단기 국채 예시다. 본 자료는 2024년 10월 말 기준이다.

종목명 (발행사)	신용 등급	만기일	잔존 만기	지급 방식	매수 단가 (USD)	표면 금리	은행예금 환산 (세전)
T 0.25 08/31/25	AA	2025-08-31	9개월	6개월/ 이표채	97.04	0.25%	4.76%
T 0.375 01/31/26	AA	2026-01-31	1년 3개월	6개월/ 이표채	95.87	0.375%	4.56%

상기 도표에 잔존 만기 9개월 남은 채권의 표면 금리는 0.25%인 반면, 만기 보유시 투자 수익은 4% 중반이다. 만약 해당 채권에 투자하면 과표 대상인 표면 금리는 0.25%다. 따라서 총투자수익은 4% 중반이지만, 표면 금리가 낮기 때문에 실질적인 세금은 매우 미미한 수준이다.

4% 중반의 예금 금리와 비교해보면, 예금은 전액 이자 수익으로 간주되어 종합소득세에 포함된다. 쿠폰 단기 미국 국채의 투자 수익은 예금과 비슷하지만, 예금 대비 세금이 매우 작기 때문에 절세 측면에서 매우 효과적인 투자 대상이다.

달러 자산을 관리하고자 할 때 몇 가지 선택지가 있다. 많은 사람이 달러 예금이나 달러 RP(Repurchase Agreement, 환매조건부채권)를 활용하지만, 이자율이 낮고 종합과세 대상이라는 단점이 있다. 그래서 달러를 예금에만 묶어두기보다는 더 나은 투자 대안을 찾는 것이 현명하다.

우선 달러 예금은 대부분 보통 예금이기 때문에 이자율이 매우 낮다. 달러 자산을 보유한 사람 중에서는 이를 단순히 보관하면서도 이자를 조금이라도 받으려는 목적으로 증권사의 달러 RP를 선택하는 경우가 많다. 달러 RP는 달러 예금보다 금리가 높을 수 있지만, 여전히 종합과세 대상이며, 절세 효과는 크지 않다.

이에 비해 미국의 단기 국채는 더 나은 선택이 될 수 있다. 현재 미국 단기 국채의 금리는 달러 RP보다도 높으며, 달러 자산을 관리하면서도 확정적인 수익을 원하는 사람에게 매우 적합한 투자다. 미국 단기 국채에 투자하면 높은 금리를 제공받을 뿐만 아니라, 절세 효과까지 기대할 수 있다.

예를 들어, 1년 만기로 기발행된 할인 채권에 투자한다고 가정해 보겠다. 2025년 5월 만기인 채권의 경우, 은행에서 제공하는 이자율로 환산하면 5~5.6% 정도의 수익을 기대할 수 있다. 그러나 세금 부과 방식이 달라 이자 부분에 대해서는 0.25%만 과세 대상이다. 즉 종합과세 대상은 매우 작은 금액에만 해당하므로 세금 부담이 거의 없는 것이 큰 장점이다.

이 채권을 만기까지 보유하면 95.1달러에 매수한 채권을 100달러로 상환받게 된다. 이 과정에서 발생하는 5달러의 할인 차익은 비과세다. 투자자 입장에서 할인 차익과 표면 금리를 합한 총수익률은 5%대 초반이지만, 세금 측면에서 보면 대부분의 수익이 비과세 또는 저과세다.

따라서 달러 자산을 장기적으로 보유하고 운용하고자 할 때, 단순히 달러 예금이나 RP에 의존하기보다는 미국 단기 국채와 같은 투자 대안을 통해 더 높은 금리와 절세 혜택을 누리는 것이 좋다.

2장

한국 국채 투자, 지금이 기회다

위기의 한국 경제, 채권 투자 기회인 이유

최근 미국 국채 금리가 상승을 멈추고 하락세로 접어들 가능성이 커지면서 미국 국채에 투자하기 좋은 진입 시점으로 평가받고 있다. 금리가 하락하면 국채 가격이 상승하기 때문에, 지금이 미국 국채 투자를 고려할 적기라는 분석이 많다.

한국 국채 ETF와 비교했을 때, 많은 투자자가 미국 채권 ETF에 집중하는 이유는 몇 가지로 요약된다.

첫 번째 이유는 2024년 10월 기준으로 미국의 금리가 한국보다 높기 때문이다. 미국 10년 만기 국채 금리는 4.32%인 반면, 한국의 국채 금리는 3.1%다. 따라서 투자자들은 미국 국채가 더 높은 이자를 제공한다는 생각을 가지게 된다. 흔히 말하는 '점프대'가 미국에서 더 높기 때문에, 미국 채권이 더 나은 투자라고 판단하는 것이다.

두 번째 이유는 금리 변동 폭에 대한 기대 때문이다. 채권 가격은 금리 변동 폭과 듀레이션(채권의 만기 기간)으로 결정된다. 듀레이션이 길수록 금리 변동에 따른 채권 가격 변동이 크다. 미국과 한국의 금리 변동 폭이 비슷하다는 가정하에, 투자자들은 미국의 점프대가 높아서 금리가 내려갈 때 미국 채권이 더 많은 수익을 낼 것이라고 기대한다.

즉 미국 금리가 4.3%에서 3%로 내려가면 큰 폭의 하락을 경험하며 채권 가격 상승을 기대하고, 한국도 금리가 내려가겠지만, 미국의 점프대가 더 높기 때문에 미국 채권에 더 큰 기대를 두는 것이다.

최근 한국 국채 금리는 미국 국채 금리의 상승 영향을 받아 일정 부분 상승했다. 그러나 미국 국채 금리가 고점을 형성하고 하락할 경우, 한국 국채 금리도 비슷한 흐름을 보일 가능성이 크다. 한국 국채 역시 좋은 투자 타이밍에 들어선 것이다.

그렇다면 미국 국채와 한국 국채 중 어느 쪽이 더 매력적일까? 한국 국채가 더 매력적이라고 본다. 이 말은 한국 경제가 미국 경제보다 더 큰 리스크를 안고 있다는 것을 의미한다. 한국 경제는 상대적으로 하강 리스크가 더 크며, 그만큼 금리가 하락할 가능성이 크기 때문에 국채 가격 상승에 따른 투자 이익도 기대할 수 있는 것이다.

한국 경제의 하강 리스크는 네 가지를 통해 알 수 있다.

1. 가계 부채

가처분 소득 대비 가계 부채 비율을 살펴보면, 미국과 한국의 가계 부채 구조는 매우 상반된 양상을 보인다.

먼저 미국의 경우를 살펴보자. 미국의 가계 부채는 2007년 리먼 사태 직전인 약 130%까지 치솟았다. 이 시기는 미국 가계가 과도한 대출로 경제적 위기를 맞이한 시점이었다. 그러나 리먼 사태를 겪으면서 미국 가계는 디레버리징(부채 축소)을 시작했고, 지난 15년 동안 가계 부채를 지속적으로 줄여왔다.

그 결과, 현재 가처분 소득 대비 가계 부채 비율은 100% 수준으로 감소했다. 물론 최근에는 다시 약간의 반등이 있었지만, 전반적으로 미국 가계의 부채 부담은 크게 줄어들었다고 볼 수 있다. 향후 경제 둔화가 발생하더라도, 미국 가계가 상대적으로 충격을 덜 받을 가능성이 크다는 뜻이다.

반면 한국은 다른 모습을 보인다. 2003년에 한국의 가처분 소득 대비 가계 부채는 약 100% 수준이었으나, 이후 꾸준히 증가하여 2024년 기준 170% 수준에 도달했다. 이는 한국 가계가 지난 20년 동안 부동산 투자와 대출에 크게 의존해왔음을 보여준다.

한국은 IMF 사태 이후 부동산 시장이 큰 충격을 받지 않았고, 많은 사람이 레버리지(대출)를 활용해 부동산 투자를 지속해왔다. 그 결과, 한국 가계의 부채는 크게 늘어났다. 향후 경제가 둔화될 경우 한국 경제가 더 큰 충격을 받을 가능성이 있는 것이다.

이처럼 두 나라의 가계 부채 상황을 비교해보면, 미국은 가계 부

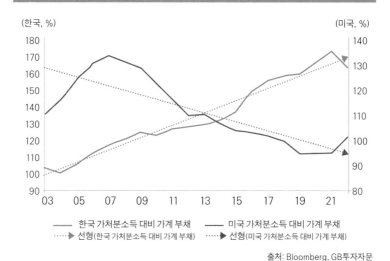

가처분소득 대비 가계 부채 규모

(한국, %)   (미국, %)

출처: Bloomberg, GB투자자문

채를 줄여왔기 때문에 경제가 둔화되더라도 상대적으로 안정적인 대응이 가능할 것으로 예상된다. 반면 한국은 가계 부채가 높은 수준에 있어, 경제 둔화 시 더 큰 충격을 받을 가능성이 크다. 금리 인하가 이루어질 경우, 한국 국채 금리가 미국보다 더 빨리 하락할 수 있는 것이다.

2. 경제 성장률

원래는 한국이 이머징 마켓이고, 미국이 전 세계에서 가장 큰 선진국이기 때문에 일반적으로 한국의 경제 성장률이 미국보다 더 높을 것으로 예상된다. 이론적으로, 신흥국은 선진국보다 더 빠른 경제 성장을 보이기 마련이기 때문이다. 실제로 과거 데이터를 보면

2000년대 초반에는 한국의 경제 성장률이 미국보다 확연히 높았고, 두 나라 간에 성장률의 갭이 컸다.

그러나 최근 상황을 보면, 이러한 추세가 역전되고 있음을 알 수 있다. 지난 1~2년 동안 한국과 미국의 경제 성장률이 급격히 붙어 가다가, 최근에는 성장률이 역전되었다. 즉 한국의 경제 성장률이 미국보다 더 낮아진 상황이다. 예를 들어 분기별 성장률을 보면, 한국은 최근 몇 분기 동안 0%대의 낮은 성장률을 기록하고 있다. 미국은 2023년 3분기에 4.9%라는 높은 성장률을 기록했다.

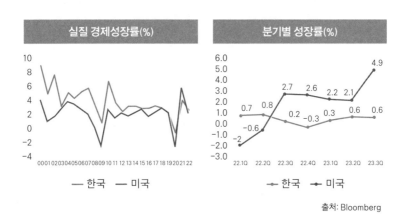

출처: Bloomberg

단기적으로 글로벌 경제가 둔화되면, 미국보다 여러 가지 구조적이 문제를 안고 있는 한국 경제에 경기 하락 리스크가 더 크다.

또한 중장기적으로도 미국은 경제 둔화 이후 상대적으로 빠르게 회복할 가능성이 크다. 미국은 과거 부채 문제를 크게 개선했고, 연준의 금리 인상으로 인해 경제에 일시적인 브레이크가 걸린 상태다. 하지만 금리 인하로 브레이크가 풀리면 미국 경제는 다시 빠르게 리바운드할 수 있는 잠재력을 가지고 있다.

반면 한국은 앞서 봤듯이 부채 수준이 매우 높아 경기 침체가 오면 더 큰 충격을 받을 가능성이 크다. 또 경기 침체에서 회복하는 속도도 미국보다 느릴 가능성이 있다. 그래서 한국이 경제적으로 더 많은 리스크를 안고 있으며, 경제 둔화 시 회복력이 떨어질 수 있다.

3. 물가

현재 한국과 미국의 소비자물가지수[CPI]를 비교해보면, 두 나라 모두 물가가 안정세에 접어들고 있다. 하지만 한국이 미국보다 물가 상승률이 다소 낮은 편이다. 특히 핵심 물가(식음료와 에너지를 제외한 물가)를 보면 한국이 미국보다 더 낮은 수준을 유지하고 있다. 채권 시장에서는 물가가 안정적인 국가가 상대적으로 더 유리한 조건을 제공한다는 점에서, 한국이 더 매력적인 투자처가 될 수 있다.

미국의 경우 전체적인 물가는 하락추세지만, 아직 임금 상승률이 높게 나오고 있어 물가 하락 속도를 느리게 만들고 있다. 하지만 한국은 노동 시장이 상대적으로 덜 활발하기 때문에 물가 상승 압력이 그만큼 크지 않다. 전반적인 물가 추세는 두 나라가 비슷한 흐름을 보이고 있지만, 한국의 물가가 미국보다 더 안정적인 모습을 보이는 이유다.

한국에 대한 더 구체적인 전망을 보자. 《캐피탈 이코노믹스[Capital Economics]》의 자료에 따르면, 한국의 명목 물가는 2025년 초에는 2% 수준까지 하락할 가능성이 크다. 글로벌 경제가 둔화되면 상대적으로 수출에 많이 의존하는 한국 경제가 전반적으로 취약한 구조이므로 물가는 미국보다 더 안정화될 것으로 예상된다.

따라서 한국의 물가는 2025년 초쯤 목표 물가 2%에 도달할 것으로 전망된다. 반면 미국은 여전히 높은 노동 시장 열기와 물가 상승 압력이 존재하기 때문에, 물가 안정화까지 시간이 더 걸릴 수 있다. 물가 측면에서 보면 한국이 더 안정적인 경제 환경을 보여주고 있는 것이다.

4. 재정 적자

한국이 미국보다 경제적으로 더 어려울 것이라는 논거 중 하나는 재정 적자 문제다. 최근 한국 정부는 재정 지출을 발표하며 2024년 재정 지출이 전년 대비 2.8% 증가할 것으로 예상했다. 이 수치는 2006년 이후 가장 낮은 증가율로, 이는 사실상 재정 긴축을 의미한다. 즉 한국 정부는 인위적인 경기 부양책을 사용하지 않겠다는 의지를 보여주고 있는 것이다.

반면 미국은 상황이 다르다. 2025년에 트럼프 2기 정부가 시작되면서 재정 지출이 더 확대될 것으로 예상된다. 한국은 상대적으로 더 긴축 재정을 시행하고 있으며, 이는 경기 하방 압력이 더 크게 작용할 수 있다.

재정 긴축이란 정부가 경기 부양책을 사용하지 않고 경제가 둔화되는 상황에서 경기 하락을 감내하겠다는 태도를 의미한다. 이는 경제적으로 부정적인 요인으로 작용할 가능성이 크다.

그러나 국채 투자자 입장에서는 재정 긴축이 긍정적인 신호로 해석될 수 있다. 이유는 두 가지다. 첫 번째는 국채 발행의 억제다. 국채의 공급이 줄어들면 수요 대비 공급이 적어지기 때문에 국채 가격이 상승할 가능성이 크다. 두 번째는 경기 하락에 따른 국채 가격 상승이다. 경기 둔화나 침체가 오면 안전자산인 국채의 수요가 증가하고, 이에 따라 국채 가격이 오르는 경향이 있다.

따라서 한국 정부의 재정 긴축은 경제 전반에는 하방 압력을 가할 수 있지만, 국채 투자자들에게는 긍정적인 요소로 작용할 수 있다. 국채 공급 감소와 경제 둔화에 따른 국채 가격 상승이 예상되는 것이다.

장기적으로 출생률 감소가 가져올 영향

이 모든 게 미국 경제에 비해 한국 경제가 향후 1~2년간 하강 리스크를 더 크게 만드는 요인이다. 단기적 관점이 아닌 장기적 관점으로 보더라도 한국 국채가 더 매력적이다. 그 이유는 한국의 인구통계학적 문제 때문이다. 알다시피 미국보다 한국의 인구가 더 빨리 감소하고 있고 합계 출산율이 크게 떨어지고 있다. 출산율이 저하된다는 것은 급격한 노령화가 진행되고 인구가 감소한다는 뜻이다.

다음 그림은 글로벌 경제 데이터업체 CEIC의 자료다. 한국은 이미 일할 수 있는 인구가 감소 추세에 들어섰다. 한국은 2020년 전후로

- 출산율 저하로 급격한 노령화, 인구 감소 전망
- 2030년 성장률 2.0%, 2050년 성장률 1.5% 이하 전망

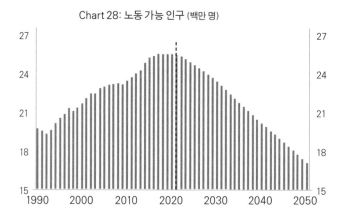

Chart 28: 노동 가능 인구 (백만 명)

• 출처: Refinitiv, CEIC, CE, UNPD

일할 수 있는 인구Working Age Population가 정점을 찍었고, 앞으로 2030년까지 200~300만 명 인구가 감소할 것으로 예상된다. 2050년 경에는 현재 인구 대비 900~1,000만 명의 일할 수 있는 인구가 감소할 것으로 전망된다. 즉 저출산과 급속한 노령화가 진행되기에 일할 수 있는 인구도 급격하게 감소하는 것이다.

한국이 빠르게 저성장 국면으로 진입하고 있다. 한국의 실질 성장률이 앞으로 2% 이하로 떨어질 가능성이 크다. 장기적으로는 1.5%에도 미치지 못할 것이라는 전망도 있다. 이러한 저성장은 금리 하락을 동반할 가능성이 크다.

저성장은 일반적으로 저금리로 이어진다. 고령화가 심화되면서,

자산을 보유한 노령층은 보수적인 투자 성향을 보일 가능성이 크다. 이들은 더 이상 벤처나 고위험 자산에 투자하지 않고, 상대적으로 안전한 투자처인 예금과 부동산을 선호하게 될 것이다.

그러나 인구 감소가 지속되면 부동산 가격은 현재 수준을 유지하기 어려워질 것이다. 그 결과 예금과 저축에 대한 수요가 높아져 예금 금리는 하락할 가능성이 크다.

이와 같은 맥락에서 한국 국채의 매력은 더욱 부각된다. 현재 3%대의 금리로 10년 혹은 20년 만기 국채에 투자할 경우, 이는 향후 장기간 동안 고정된 수익을 제공하게 된다. 20년짜리 국채에 투자한다면, 향후 20년간 매년 3% 이상의 수익을 확정받는 것이나 마찬가지다. 장기적으로 저성장과 저금리 국면에 접어들게 되면, 현재의 높은 금리가 매우 매력적인 투자 기회로 변모할 것이다.

반면 미국은 상대적으로 활력 있는 경제를 유지하고 있으며, 인구 감소 역시 한국만큼 급격하지 않다. 미국은 여전히 경제 성장의 가능성을 가지고 있고, 이로 인해 한국과 같은 저성장 국면에 빠질 위험이 적다.

따라서 미국 국채는 한국 국채만큼 장기적인 매력을 갖지 않을 수 있다. 미국은 금리가 빠르게 하락하지 않을 가능성이 높고, 고정 수익을 보장하는 측면에서 한국 국채보다 덜 유리할 수 있다.

이처럼 한국의 급격한 노령화와 인구 감소로 인한 저성장과 저금리 시대가 도래할 가능성이 크기 때문에, 현재 높은 금리로 제공되는 한국 국채는 장기적으로 매우 매력적인 투자처가 될 것이다.

물론 미국 국채에 투자하지 말라는 이야기가 아니다. 다만 비교하면 미국보다는 한국이 상대적으로 국제 투자 매력이 더 있다는 것이다. 특히 향후 10~20년간의 긴 호흡을 고려할 때, 한국 국채의 수익성과 안정성이 더욱 두드러질 것이다.

미국 국채보다 한국 국채 투자가 좋은 이유

"미국 국채가 좋아요, 한국 국채가 좋아요?"라는 질문을 많이 받는다. 두 나라 채권을 다 투자할 여력이 되면 두 나라 채권을 다 하는 게 좋지만, 둘 중 하나만 선택해야 된다면 미국 채권보다는 한국 국채를 더 추천한다.

2023년 2월 23일에 미국과 한국의 10년 국채 금리를 비교하면, 미국 국채 금리는 3.87%였고, 한국 국채 금리는 3.59%였다. 두 나라 간의 금리 차이는 0.2%에 불과했다. 하지만 1년 반이 경과한 2024년 10월 말 기준, 미국 10년 국채 금리는 4.3% 수준으로 오히려 50bp가 상승한 반면, 한국 10년국채 금리는 현재 3.1% 수준으로 당시보다 50bp가 하락했다. 따라서 양국 간의 금리 차는 120bp 수준은 이전보다 더 확대되었다. 이 변화는 한국 국채가 미국 국채보다 더 나은 투자처였다는 주장을 뒷받침한다.

채권 가격과 금리는 반대로 움직인다고 했다. 미국 국채의 경우, 금리가 상승함에 따라 투자자들은 미국 국채에서 손해를 보게 되었

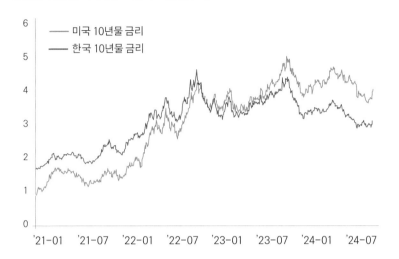

한국 금리 VS 미국 금리

을 가능성이 크다. 반대로 한국 국채는 금리가 하락함에 따라 채권 가격은 상승했을 가능성이 높다.

따라서 지난 1년간 한국 국채가 미국 국채보다 더 나은 수익을 제공했을 가능성이 크다. 미국 국채는 금리 상승으로 인해 채권 가격이 하락했지만, 한국 국채는 금리 하락으로 채권 가격이 상승했기 때문이다.

결국 금리 차이가 벌어지는 상황에서 채권 투자자는 금리가 하락할 가능성이 큰 나라의 채권을 선호하게 된다. 한국 국채는 금리가 하락하면서 채권 가격 상승의 혜택을 누렸고, 이는 미국 국채에 비해 더 나은 투자 수익을 제공했을 것이다.

미국 국채보다 한국 국채가 더 좋다고 주장하는 이유를 좀 더 자세히 설명해보겠다.

1. 미국의 금리 인하가 이루어지면 한국도 그에 맞춰 금리를 인하할 가능성이 높기 때문이다

미국 연준이 금리를 인하하면, 한국 역시 미국의 금리 변화에 맞춰 금리를 조정하는 경향이 있다. 이는 글로벌 금융 시장에서 미국의 영향력이 크기 때문에 발생하는 현상이다.

따라서 미국 금리가 하락하면 한국 금리도 동일하게 하락할 가능성이 높다. 이 상황에서 굳이 미국에 투자할 필요 없이, 한국 국채에 투자해도 동일한 금리 하락 효과를 누릴 수 있다. 미국 국채에 투자하지 않더라도, 한국 국채에 동일한 만기로 투자하면 금리 인하에 따른 채권 가격 상승을 똑같이 향유할 수 있는 것이다.

2. 미국 경제와 한국 경제의 펀더멘탈 차이 때문이다

미국 경제는 소프트랜딩에 가까운 상태로, 상대적으로 양호한 성과를 보이고 있다. 미국은 건설업이나 내수 시장의 부담 없이 전 세계 리소스를 활용할 수 있는 강점을 지니고 있다. 그래서 경제가 비교적 안정적으로 유지되고 있다. 반면에 한국 경제는 건설업 부진과 내수 침체 등 여러 하강 리스크에 직면해 있다.

한국은 프로젝트 파이낸싱 이슈로 건설사 부도 위기가 지속되고 있으며 내수 경제는 고용 창출이 큰 건설 부문이 심각한 타격을 받으면서 어려움을 겪고 있다. 실제로 한국은행은 금융통화위원회에서 제조업 수출은 개선되고 있지만 내수와 건설업은 여전히 부진하다는 점을 지적했다. 이로 인해 한국 경제는 내수 기반의 서비스업을 중심으로 경기 침체가 이어지고 있으며, 고용 창출에도 부정적인 영향을 미치고 있다.

미국과 한국의 경제 상황을 비교하면, 미국은 상대적으로 양호한 경제 성과를 보이지만, 한국은 저출산, 부동산 문제, 고부채 문제 등 다양한 요인으로 하드랜딩 리스크가 더 큰 상태다. 이러한 요인들로 인해 한국 경제의 하강 리스크는 미국보다 높으며, 이는 결과적으로 한국 국채 금리가 미국보다 더 크게 하락할 가능성을 시사한다.

국채 투자자 입장에서는 금리가 많이 하락할수록 채권 가격이 더 많이 상승하게 된다. 금리는 경제 상황과 밀접하게 연관되어 있어, 경제가 심각하게 악화될수록 금리 인하 폭이 커지고, 이에 따라 국채 가격도 상승한다. 따라서 경제 하강 리스크가 더 큰 한국의 경우, 금리 인하 폭이 미국보다 더 클 가능성이 높으며, 그만큼 한국 국채가 더 매력적인 투자처가 될 수 있다.

3. 미국 채권 투자 시 발생하는 환율 리스크 때문이다

미국 채권에 투자할 경우, 미국 달러로 발생하는 수익을 태평양을 건너 한국으로 가져올 때 환율 변동에 따라 리스크가 발생할 수 있다.

예를 들어, 미국에서 20% 수익을 냈다 하더라도 원화 강세가 발생하면 달러 가치가 떨어져 수익이 줄어들게 된다. 반면 한국 국채에 투자하면 환율 변동에 대한 고민 없이 투자를 이어갈 수 있다. 따라서 환율 리스크를 피하고 안정적으로 수익을 얻고자 한다면 한국 국채가 더 매력적인 선택일 수 있다.

최근 들어 국내 상장된 미국 국채 ETF에 대한 투자 관심이 높아지며, 많은 투자자가 원/달러 헤징된 미국 국채 ETF에 투자하고 있다. 이러한 ETF는 미국 국채에 투자하면서도 환율 리스크를 헤지하여 미국 채권 수익을 그대로 가져오는 장점이 있다.

그런데 환율 리스크를 헤지한 미국 국채 ETF에 투자할 때, 단순히 이자 수익이 높다고 해서 무조건 이득이라고 생각하는 것에는 주의가 필요하다. 헤지 비용과 환율 변동을 감안하면, 실제 수익은 단순한 금리 차이로만 결정되지 않는다. 한국 국채도 비슷한 금리 변동과 듀레이션 효과를 경험할 수 있기 때문에, 반드시 미국 채권이 더 유리한 선택은 아닐 수 있다.

결국 환율 리스크를 고려하지 않아도 되는 한국 국채가 미국 국채에 비해 더 안정적인 투자일 수 있다. 헤지된 미국 국채 ETF가 실제로 한국 국채보다 더 큰 수익을 보장하지는 않는다는 점을 염두에 둘 필요가 있다.

글로벌 투자자가
한국 국채를 찾는 이유

글로벌 투자자에게 한국 국채는 공짜 점심?

외국인 투자자들이 한국 국채에 투자한다고 했을 때 수익은 크게 두 가지다. 첫 번째로 채권 수익이 생긴다. 그리고 두 번째로 원 달러 환율이 움직이는 것에 따라서 환차손익이 발생할 것이다.

그런데 글로벌 투자자라고 하면, 이왕이면 환차손익에는 노출되지 않고 오로지 채권에만 투자를 하고 싶을 것이다. 그렇게 하려면 환율을 헤지해야 한다. 환율 헤지란 미래의 환율이 움직이는 리스크에 노출되지 않고 투자하고자 하는 전략이다. 문제는 환헤지를 하면 채권 투자의 매력이 다 사라져버린다는 것이다.

예를 들어 한국 국채 금리가 3%라고 해보자. 그런데 한국보다 금리가 높은 나라, 예컨대 브라질처럼 금리가 10% 이상인 나라에 투자한다면 큰 수익을 얻을 기회처럼 보인다. 그런데 문제는 환율 변동이다. 지난 10년간 브라질 채권에 투자한 사람들은 환차손을 겪었다. 이를 피하기 위해 환헤지를 적용한다고 해서 이 문제가 해결되는 것은 아니다.

브라질의 높은 금리는 매력적이지만, 환헤지 비용이 그만큼 높게 발생한다. 한국에서 3%로 자금을 조달한 후 환헤지를 통해 브라질 채권에 투자한다고 가정해보자. 환헤지 비용이 브라질과 한국 간의 금리 차이인 9%라고 한다면, 설령 브라질 채권에서 12%의 금리를 받더라도 남는 이익은 거의 없다. 결국 금리가 높은 나라에 투자할 때 환헤지 비용이 금리 차이에 따라 발생한다. 이 비용이 채권 투자에서 얻을 수 있는 이익을 대부분 상쇄해버리는 것이다.

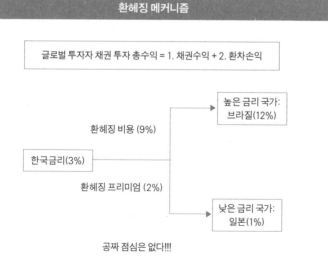

환헤징 메커니즘

글로벌 투자자 채권 투자 총수익 = 1. 채권수익 + 2. 환차손익

환헤징 비용 (9%)

높은 금리 국가:
브라질(12%)

한국금리(3%)

환헤징 프리미엄 (2%)

낮은 금리 국가:
일본(1%)

공짜 점심은 없다!!!

그럼 금리가 낮은 나라에 투자할 경우에는 어떨까? 예를 들어, 한국의 금리가 3%이고, 일본의 금리가 1%라고 가정해보자. 고금리 국가에서 저금리 국가로 투자하면 환헤지를 통해 프리미엄을 얻을 수 있다. 이때는 금리 차이로 인해 환헤지 비용이 아니라 환헤지 프리미엄을 얻게 되므로, 더 안전하게 상대국의 금리를 가져갈 수 있다.

하지만 전반적으로 환율 헤지를 통해 금리가 높은 국가에 투자하는 경우, 금리 차이만큼의 비용이 발생한다. 그래서 높은 수익을 기대하는 것이 사실상 어렵다. 환헤지를 고려한 글로벌 채권 투자는 기대한 만큼의 수익을 가져오기 어려운 것이다.

그렇기 때문에 결론적으로 "공짜 점심은 없다!"라는 것이다. 환율 리스크를 떠안지 않고 상대방의 고금리를 취할 방법은 거의 없다. 글로벌 투자 환경에서 금리 차이를 통해 위험 없이 수익을 취하는 것은 사실상 불가능하다. 이런 상황을 회피하려면 재정거래, 즉 아비트리지arbitrage라는 복잡한 금융 전략이 필요하다.

외국인 투자자들에게 매력적인 한국 국채

하지만 지금 한국 국채는 외국인 투자자들에게 재정거래 기회를 제공하고 있다. 즉 아비트리지 기회가 현재 한국 국채 시장에서 발생했으며, 그로 인해 공짜 점심처럼 보이는 상황이 만들어지고 있다. 특히 미국 국채와 비교할 때 몇 가지 중요한 요인이 한국 국채에 대한 관심을 끌고 있는데, 그 핵심은 금리 차이, 환헤지 프리미엄 그리고 한국 경제의 특수성이다.

먼저 미국과 한국의 금리 곡선을 살펴보면, 두 나라의 금리 구조가 매우 다르다는 것을 알 수 있다. 2024년 10월 말 기준으로 미국은 단기 금리가 4.6%를 넘는 반면, 장기 금리는 4.2% 수준이다. 이와 달리 한국 국채 금리는 장단기 모두 3.1% 내외로 비교적 평탄한 곡선을 그리고 있다. 이러한 금리 구조의 차이는 외국인 투자자들에게 환헤지를 통해 추가 수익을 얻을 기회를 제공한다.

환헤지는 투자자가 환율 변동에 따른 위험을 피하기 위해 미래의 환율을 미리 고정하는 방식이다. 여기서 중요한 점은, 환헤지를 할 때 단기 금리 차이가 환율 변동을 결정짓는 요소가 된다는 것이다. 2024년 10월 현재 미국의 단기 금리가 한국보다 1.5% 정도 더 높

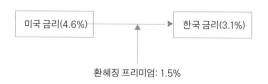

한국 금리와 미국 금리

- 환헤징 기준으로 장기 금리가 아닌 단기 금리(3월)로 결정
- 양국 간 단기 금리(3개월)차 만큼 환헤징 프리미엄이 발생

미국 금리(4.6%) → 한국 금리(3.1%)

환헤징 프리미엄: 1.5%

- 외국인들에게 한국 국채는 재정거래(Arbitrage) 기회까지 제공함

다. 그렇기 때문에 외국인 투자자가 한국 국채에 투자하면서 환해지를 한다면 1.5% 수준 이상의 프리미엄을 추가로 얻게 된다. 이는 안정적인 수익을 원하는 투자자들에게 매우 매력적인 조건이 된다. 한국 국채의 안정성 또한 큰 장점이다. 한국은 AA 등급의 매우 안전한 국가로 평가받고 있으며, 국채 투자에서 가장 중요한 요소인 부도 리스크가 거의 없다. 즉 한국 국채는 안정적인 자산으로 간주되며, 높은 안전성을 보장한다.

또한 금리 인하 가능성도 주목할 만하다. 한국 경제는 부동산 시장의 취약성으로 인해 중장기적으로 금리 인하가 필요할 가능성이 크다. 금리가 내려가면 채권 가격은 상승하고, 투자자들은 자본 차익을 얻을 수 있는 기회를 갖게 된다. 미국과 비교했을 때, 한국 경제는 더 많은 하강 리스크를 가지고 있어, 금리 인하 가능성이 더 크다는 점에서 한국 국채는 향후 자본 차익을 기대할 수 있는 좋은 투자처다.

외국인 투자자들에게 한국 국채는 안정적이면서도 수익률이 높은 투자로 평가받는다. 선진국의 안정성을 보유하면서도 이머징 마켓처럼 높은 금리를 제공하는 한국 국채는, 특히 환해지 프리미엄까지 더해지면서 수익성을 극대화할 기회를 제공한다. 현재 한국 국채 금리가 3.5%이지만, 환해지를 통해 1.8%의 추가 수익을 얻으면 6%에 가까운 수익을 기대할 수 있다. 이는 미국 국채 금리보다도 훨씬 높은 수익률이다.

결론적으로, 한국 국채는 외국인 투자자들에게 매우 매력적인 투자 기회로 다가오고 있다. 안전성, 상대적으로 높은 금리, 환헤지 프리미엄 그리고 금리 인하에 따른 자본 차익 가능성까지 갖춘 한국 국채는 미국 국채보다 더 높은 수익을 기대할 수 있는 투자처다. 특히 환율 리스크를 최소화하면서도 안정적이고 높은 수익을 원하는 투자자들에게는 지금이 한국 국채에 투자할 적기일 수 있다.

환헤징 시, 한국 국채 투자 수익

• 글로벌 투자자가 환헤징하고 한국 국채에 투자하면, 국채 금리는 5.0% 이상이 된다.

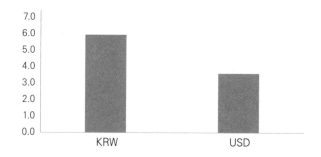

4장

채권은
대세를 따라야 한다

개인 투자자 자금이 몰리는 채권은?

개별 채권을 한다면 어떤 방향으로 투자하면 좋을까? 삼성증권에서 2024년 3월 5일 발표한 개인 투자자 채권 트렌드 분석 자료를 분석해서 설명하고자 한다.

우선 최근 개인 투자자들이 채권 투자에 적극적으로 나서면서, 채권 시장에서 이들의 비중이 급격히 커지고 있다. 불과 2년 전만 해도 개인들이 채권을 매수하는 규모는 미미했지만, 2023년 들어 개인 투자자들의 매수액이 사상 최고치를 기록하며, 채권이 개인 투자자들의 주요 투자처로 자리 잡고 있는 모습이다.

2022년 상반기까지만 해도 개인들의 채권 매수액은 월 평균 1조 원에 미치지 못했다. 당시 개인 투자자들은 채권 투자에 소극적이었고, 월별 매수액은 5,000억 원 내외에 불과했다. 그러나 시간이 지나면서 상황이 급격히 변하기 시작했다. 2023년 2월 말 기준, 개인들이 채권을 매수한 금액은 4조 2,464억 원으로, 이는 역대 두 번째로 높은 월별 채권 매수액이다. 특히 2023년 4월에는 4조 5,527억 원이라는 기록적인 매수액을 기록한 바 있다.

이러한 변화는 개인 투자자들이 채권 시장에서 점점 더 중요한 역할을 하고 있다는 것을 보여준다. 불과 1~2년 전만 해도 개인 투자자들의 채권 매수액은 시장에 큰 영향을 미치지 못했지만, 이제는 외국인 투자자들의 매수액과 비슷한 수준에 도달하면서 시장에 상당한 영향력을 행사하고 있다.

개인 투자자들의 채권 매수는 단순히 월별 매수량만 급증한 것이 아니다. 일평균 매수액도 눈에 띄게 증가했다. 2022년 상반기까지

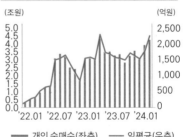

개별 채권 자금 동향(개인)

주체별 채권 순매수

개인 투자자 채권 순매수

출처: Koscom, 삼성증권

출처: 인포맥스, 삼성증권

만 해도 개인들의 일평균 채권 매수액은 500억 원을 넘지 않았지만, 2024년 2월에는 일평균 2,235억 원에 이르며 큰 폭으로 증가했다. 이는 사상 최고치에 가까운 수치로, 채권 시장에 개인 자금이 활발히 유입되고 있음을 나타낸다.

특히 2월은 일수가 짧음에도 불구하고 4월과 비교해도 거의 비슷한 수준의 일평균 매수액을 기록하고 있어, 개인 투자자들이 채권에 대한 관심을 지속적으로 높이고 있음을 확인할 수 있다. 이로 인해 채권 시장에서 개인들의 존재감은 더욱 커졌으며, 이제는 주요 투자자들 중 하나로 자리 잡았다고 할 수 있다.

2024년 2월 기준, 개인 투자자들은 약 4조 2,000억 원의 채권을 매수했다. 이는 은행(15조 원), 투신(10조 원), 외국인(5조 원)과 비교했을 때 결코 적지 않은 금액이다. 불과 몇 년 전만 해도 개인들이 채권 시장에서 차지하는 비중은 미미했지만, 이제는 외국인 투자자들과 비슷한 규모로 성장했다.

2024년 2월 동안 개인 투자자들이 매수한 채권을 분석해보면, 장단기 채권에 대한 선호도가 두드러진다. 주로 5년 미만의 단기 채권에 대한 매수세가 더욱 강했지만, 10년 이상의 장기 채권에 대한 관심도 이전에 비해 상당히 높아지고 있다는 점이 특이하다.

2024년 1월과 2월 동안 개인들이 순매수한 채권을 조사한 결과, 대부분이 국채였다. 개인 투자자들에게 투자 시 중요한 것은 안정과 수익성인데, 이런 측면에서 예금보다 한국 국채가 매력적이다. 한국 개별 국채는 개인 투자자들에게 매우 중요한 투자 자산이 되어가고 있다. 향후 노령화가 더 가속화될수록 현재 금리를 장기간 확정할 수 있는 개별 국채 선호 현상이 커질 것으로 전망된다.

고쿠폰 장기 채권의 상대적 매수 부각

2024년 1월과 2월에 개인 투자자들의 채권 매수 패턴에서 흥미로운 변화가 나타났다. 1월에는 저쿠폰 장기 채권이 가장 많이 매수되었지만, 2월에는 고쿠폰 장기 채권으로 그 추세가 바뀌었다. 이러한 변화는 금리가 상승함에 따라 안정적인 이자 수익을 확보하려는 투자자들의 의도가 반영된 것으로 보인다.

1월에 가장 많이 매수된 채권은 국채 20-2로, 쿠폰 금리는 1.5%이고, 만기는 2050년 3월로 설정된 매우 장기 채권이다. 이 채권이 1월에 많이 매수된 이유는 저쿠폰 장기 채권의 경우 듀레이션이 길기 때문이다. 그래서 금리가 하락할 경우 채권 가격이 상승하여 매각 차익을 누릴 수 있기 때문이다. 개인 투자자들은 이러한 듀레이션 효과를 기대하며 저쿠폰 장기 채권을 매수하는 전략을 택했다.

그러나 2월에 들어서는 상황이 바뀌었다. 23-7 채권이 가장 많이 매수된 채권으로, 쿠폰 금리는 3.625%이고, 만기는 2053년으로 설정된 역시 장기 채권이다. 이 채권은 고쿠폰 채권으로, 금리 상승기에 안정적인 이자 수익을 누릴 수 있다는 장점이 있다. 2월 동안 금리가 상승하면서 투자자들이 저쿠폰 채권보다는 고쿠폰 채권에 관심을 가지게 되었다. 이는 금리 상승기에 이자를 통해 수익을 확보하고자 하는 전략적 선택이다.

또한 개인들이 보유한 채권 종목을 분석해보면, 20-2, 19-6, 20-4와 같은 저쿠폰 장기 채권이 여전히 상위 5개 종목에 포함되어 있다. 예를 들어, 20-2 채권은 개인들이 3조 4,000억 원을 보유하고 있으며, 19-6 채권은 2조 9,700억 원을 보유하고 있다. 대부분 저쿠폰 장기 채권들이 상위에 위치해 있는데, 이는 여전히 많은 투자자가 듀레이션 효과를 기대하고 있다는 것을 나타낸다.

하지만 고쿠폰 채권도 점차 많은 관심을 받고 있다. 예를 들어, 23-2 채권은 쿠폰 금리 3.25%로, 상위 5개 채권 중 유일하게 고쿠폰 채권이다. 이는 향후 금리 변화에 따른 다양한 수익 구조를 염두에 둔 투자자들의 포트폴리오 다변화 전략을 반영하고 있다.

개인 투자자 채권 순매수 상위 10종목

순위	'24.1월	순매수(억원)	'24.2월	순매수(억원)
1	국고01500-5003(20-2)	2,792	국고03625-5309(23-7)	2,049
2	국고01875-5103(21-2)	959	국고01125-2406(21-4)	1,981
3	국고01375-2409(19-5)	934	국고01500-5003(20-2)	1,937
4	국고01125-3909(19-6)	727	국고01375-2409(19-5)	1,368
5	국고03625-5309(23-7)	674	국고01875-2403(19-1)	903
6	국고01125-2406(21-4)	664	국고03250-5303(23-2)	825
7	국고01500 3609(16-6)	411	SK에코플랜트180 3	772
8	국고01375-3006(20-4)	405	국고01500-4009(20-7)	701
9	국고01500-4009(20-7)	348	국고01125-3909(19-6)	643
10	국고03250-5303(23-2)	228	국고01875-5103(21-2)	499

출처: Koscom, 삼성증권

개인 투자자들이 보유한 채권의 비중은 장내 채권 매매의 활성화 정도를 가늠할 수 있는 중요한 지표다. 개인들이 큰 비율을 보유한 채권은 장내에서 매매가 더 활발하게 이루어진다. 이는 투자자들이 매도하거나 매수할 때 유동성이 더 풍부하다는 것을 의미한다.

예를 들어, 20-2 채권은 전체 발행 규모의 8%를 개인들이 보유하고 있다. 19-6 채권은 개인 투자자가 27%로 상당히 높은 비율을 차지하고 있다. 이런 채권들은 개인 투자자들이 주로 보유하고 있어 장내 채권 시장에서 거래가 상대적으로 원활할 가능성이 크다. 반면 23-2 채권은 쿠폰 금리가 높음에도 불구하고 개인 투자자들의 보유 비중이 낮아 장내 거래가 덜 활발할 수 있다.

이처럼 채권을 장내에서 매매하려는 경우, 개인 투자자들이 많이 보유한 저쿠폰 장기 채권인 20-2, 19-6, 21-4와 같은 종목을 선택하는 것이 매매의 유동성을 확보하는 데 유리할 것이다. 이는 주식 시장과는 달리, 채권 시장에서는 개인이 주요 매매 주체이기 때문에,

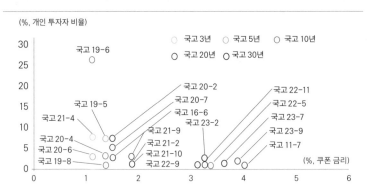

국고채 쿠폰 금리와 개인 투자자 비율

참고: 개인 투자자 비율 1% 이상의 국고채
출처: Infomax, 삼성증권

개인들이 많이 보유하고 있는 채권을 선택하는 것이 거래의 편리성과 효율성을 높일 수 있다.

따라서 채권 매매를 염두에 두고 있다면 개인 투자자들이 많이 보유한 채권을 중심으로 살펴보는 것이 투자 전략에 도움이 될 것이다.

채권을 투자하는 개인 투자자들의 성향을 분석하면, 저쿠폰 채권과 고쿠폰 채권을 선택하는 데 있어서 각기 다른 투자 전략이 반영된 것을 볼 수 있다.

먼저 저쿠폰 채권을 많이 보유한 투자자들은 주로 매매 차익을 극대화하려는 전략을 선호한다. 예를 들어, 쿠폰 금리가 낮은 1%대 채권을 보유한 투자자들은 금리가 하락할 경우, 채권 가격 상승으로 인한 이익을 노린다. 이들은 채권의 이자 소득보다는 금리 변동에 따른 가격 차익에 초점을 맞춘 투자자들이다. 또한 저쿠폰 채권은 종합과세 대상이 되는 이자 수익이 적기 때문에 세금 부담을 줄이려는 목적도 있다고 볼 수 있다.

반면 고쿠폰 채권을 보유한 투자자들은 현재 상대적으로 높은 이자 수익에 만족하며, 장기적으로 안정적인 현금 흐름을 기대하는 투자자들이다. 이들은 3%대 쿠폰 금리를 보유한 채권을 선택하여 매년 안정적인 이자를 받는 것을 중시한다. 특히 장기적으로 금리가 하락할 가능성이 있는 상황에서 고쿠폰 채권을 장기간 보유함으로써 금리 하락에도 불구하고 고정된 이자 수익을 기대할 수 있다.

금리 변동성이 높은 환경에서는 단순히 저쿠폰 채권만을 고집하기보다, 3%대 이자 수익을 주는 장기 채권을 보유하여 안정적인 현금 흐름을 확보해야 한다. 동시에 금리 하락 시 매각할 수 있는 유연한 전략을 병행하는 것이 현명한 투자 방법일 수 있다.

회사채 매수가 늘어나고 있다

2024년 4월 기준으로 채권 투자 동향을 보면, 국채와 지방채, 공사채 등 전통적인 안전자산에 대한 매수는 꾸준히 이어지고 있다. 특히 회사채에 대한 개인들의 매수세가 급격히 늘어나고 있는 것이 눈에 띈다.

2024년 상반기 기준으로 개인 투자자들 사이에서 회사채 매수가

안정적인 회사채 가산 금리

미국 10년물 금리   IG Credit 가산 금리   경기 침체기

크게 증가하고 있다. 특히 A-등급의 신용도가 상대적으로 낮은 회사채에 대한 매수가 두드러지고 있다. 이러한 움직임은 한국 경제가 일시적으로 다소 회복세를 보이면서 투자자들이 이자율이 더 높은 채권에 관심을 두기 시작했기 때문이다. 금융 기관에서도 이러한 회사채를 세일즈하며 투자자들을 유혹하고 있다.

그러나 지금 시장 상황에서 이처럼 상대적 신용등급이 낮은 채권에 투자하는 것을 추천하지 않는다. 채권 투자의 기본 원칙 중 하나는 안정성이다. 신용등급이 높은 채권은 상대적으로 안정적이고, 부도 가능성이 적어 장기적으로 안전한 투자처로 여겨진다.

부도 리스크는 채권 투자에서 간과할 수 없는 핵심 요소다. 신용등급이 낮을수록 부도의 가능성이 더 크다는 의미이며, 이 때문에 AAA 등급이 가장 안전한 투자처로 여겨진다. 높은 이자율을 얻기 위해 신용등급이 낮은 채권에 투자하는 것은 단기적으로 매력적으로 보일 수 있으나, 장기적으로는 안정성과 유동성이 부족하고 큰 리스크를 안고 갈 가능성이 크다.

따라서 지금과 같은 경제 상황에서는 안정성 있는 고등급 채권에 투자하는 것이 바람직하다고 본다. 향후 경제가 더 안정적으로 돌아설 때 비로소 신용등급이 낮은 채권에 대한 투자도 고려해볼 수 있을 것이다.

한국 장기 국채에
주목해야 한다

금리 변동기에 매력적인 장기 국채 ETF

최근 미국의 장기 국채를 선호하는 경향이 있지만, 필자는 한국의 중장기 국채도 매우 매력적이라고 생각한다.

국내 채권 ETF의 투자 패턴은 해외 채권 ETF의 투자 패턴과 매우 다르다. 국내의 해외 채권 투자에서는 미국 30년 장기 채권에 투자하는 경향이 강하게 나타나고 있다. 반면 국내 채권 시장에서는 1년 이하의 초단기 채권이 상대적으로 주요 투자 대상으로 자리 잡고 있다.

국내 투자자들은 주로 채권 투자에 장기적인 관점보다는 단기적인 매칭 수익률에 초점을 두어 매매하는 전략에 집중하는 경향을 보인다. 이런 흐름은 단기 자금 운용을 목표로 하는 투자자가 많기 때문일 것이다. 단기 채권 ETF에 투자하면서 시장 상황에 맞춰 즉각적으로 자금을 투입하고 회수하는 경향이 두드러진다.

즉 국내 투자자들은 한국 국채 ETF 중 단기 채권 ETF에 주로 투자하고, 장기 국채 ETF는 투자 비중이 높지 않다. 반면 국내 투자자들은 미국 국채 ETF 중 장기채 위주로 투자를 하고 있다. 국내에서 장기 국채 ETF를 주로 다루는 것은 KB의 국고채 30년 인핸스드 ETF와 미래에셋자산운용의 타이거 스트립액티브 ETF 정도다. 이 두 가지를 제외하고는, 상위 20위권 내에서도 장기 국채 ETF가 거의 없는 실정이다.

한국의 장기 국채 ETF도 충분히 매력적일 수 있는데, 많은 투자자가 이를 간과하고 있는 것이 현실이다. KB나 미래에셋자산운용의 한국 장기 국채 ETF는 충분히 고려할 만한 투자처다. 장기 국채 ETF는 장기 투자에서 안정적인 수익을 기대하고, 중장기적으로 금리가 하락할 경우, 매각 차익을 누릴 좋은 기회를 줄 수 있다.

따라서 국내 투자자들도 단기 채권 투자에만 집중하기보다는 한국의 중장기 국채 ETF에도 더 많은 관심을 기울일 필요가 있다.

해외 채권 ETF와 국내 채권 ETF의 차이

만기 매칭 ETF에는 국채가 아닌 신용 리스크가 있는 채권도 포함될 수 있다. 즉 AAA등급의 국채뿐 아니라 상대적으로 신용등급이 낮은 회사채나 기타 채권이 포함될 수 있어 신용 리스크가 존재한다.

예를 들어 경제적 충격이나 프로젝트 파이낸싱 이슈와 같은 큰 경제적 이벤트가 발생하면, 우량한 국채의 경우 가격이 상승해 매각 차익을 누릴 수 있다. 하지만 일반 회사 채권은 오히려 거래 자체가 줄어들고, 이는 ETF의 가격에 반영되어 가격이 떨어질 가능성이 매우 크다. 이런 이유로 인해 중간에 자금이 필요하거나 경제 상황이 나빠졌을 때, 신용등급이 낮은 만기 매칭 채권은 매력적이지 않을 수 있다.

또한 채권 ETF의 상장 폐지나 폐쇄가 일어나는 경우는 보통 자금의 유입이 적고 운용 자산 규모가 줄어들 때다. 거래량이 너무 적거나 투자자들이 자금을 회수해 ETF의 운영이 더 이상 불가능해질 때 상장 폐지나 펀드 폐쇄가 발생할 수 있다. 이는 특정 채권 ETF가 충분한 규모를 유지하지 못할 때 발생하는 문제로, 이를 감안해 거래량이 많은 ETF에 투자하는 것이 더 안전할 수 있다.

해외 채권 ETF, 특히 미국 장기 국채 ETF는 장기 채권 상품이 많다. 반면 국내 채권 ETF는 상대적으로 단기 채권 상품이 많이 판매되고 있다. 그 이유는 미국이 한국보다 금리가 더 높기 때문이다. 일반 투자자들은 금리가 높은 곳에서 금리가 내려가면 더 많은 수익을 얻을 수 있을 거라는 기대를 가지고 있다. 이는 장기 채권에 대한 선호로 이어지며, 미국의 장기 채권 ETF가 인기를 끄는 배경이다.

그러나 중요한 점은 금리 수준뿐만 아니라 경제 펀더멘탈을 봐야 한다는 것이다. 금리가 높다는 이유만으로 무조건 금리가 많이 내려갈 것이라고 기대하는 것은 상대적인 판단이다. 실제로 금리가 내려가는 종착점이 어느 정도가 될지를 판단하는 것이 더 중요하다. 예를 들어, 현재 금리가 4%인 미국 채권이 3%로 내려가는 것과 3%인 한국 채권이 1%까지 내려가는 것은 경제 펀더멘탈에 따라 달라질 수 있다.

따라서 미국 장기 채권이 나쁘다는 것은 아니지만, 한국의 장기 채권 ETF도 충분히 매력적일 수 있다. 한국의 장기 국채 ETF는 금리 하락 시 매각 차익을 기대할 수 있으며, 안정적인 수익을 제공할 수 있는 대안이 될 수 있다.

결론적으로, 만기 매칭 채권 ETF의 경우 안정성은 있지만 중간에 경제적 충격이 발생할 경우에 대한 고려가 필요하다. 투자자는 신용 리스크, 경제 펀더멘탈을 함께 분석해 판단하는 것이 중요하다.

6장

매력적인 미국 국채, 이건 알아야 한다

한국 국채 ETF와 미국 국채 ETF

해외 자산, 특히 미국 국채 ETF에 투자할 때 많은 투자자가 환율 변동에 따른 위험을 줄이기 위해 헤지를 고려한다.

미국 채권 ETF는 크게 두 가지 종류로 나눌 수 있다. 첫 번째는 헤지된 상품으로, 환율 변동의 영향을 차단하여 안정적인 수익을 추구하는 방식이다. 두 번째는 헤지를 하지 않은 '언헤지(un-hedge)' 상품으로, 환율 변동을 수익에 반영하게 된다.

헤지된 상품은 종목명에 (H)라는 표시가 붙는다. 환율 변동을 차단하기 위해 헤지를 하면 안정적인 수익을 기대할 수 있지만, 그 대가로 헤지 비용이 발생한다. 특히 한국과 미국처럼 금리 차이가 큰 국가의 통화를 헤지할 때는 비용이 더욱 증가하는 경향이 있다.

2024년 11월 현재 한국과 미국 간의 금리 차이에 따른 헤지 비용은 연간 1.9%에 달한다. 이는 미국 채권에 투자해 발생하는 이자의 일부를 헤지 비용으로 상쇄해야 한다는 것을 의미한다. 예를 들어, 미국 국채 ETF의 이자율이 4.3%라고 가정했을 때, 헤지 비용을 제외하면 실제 수익은 2.4%에 불과하다. 이러한 비용 구조는 헤지를 선택한 투자자에게 큰 부담으로 작용할 수 있다.

반면 한국의 채권 ETF에 투자할 경우에는 헤지 비용이 발생하지 않는다. 2024년 11월 현재 한국 채권 ETF의 이자율은 3.0% 수준으로, 헤지 비용을 고려하지 않아도 되는 상황에서 안정적인 수익을 기대할 수 있다. 그래서 헤지 비용을 감안한 미국 국채 ETF의 실제 수익(2.4%)보다 더 높은 수익을 얻을 수 있다.

또한 금리 변동성은 한국과 미국이 상호 연관되어 비슷한 방향으로 움직일 가능성이 크다. 따라서 같은 만기 조건에서 미국 국채와 한국 국채는 금리 변동에 따른 가격 변동 폭이 유사할 것이다. 결국 남는 것은 이자 수익 차이이며, 이 부분에서 한국 채권 ETF가 더 유리할 수 있다.

언헤지된 미국 채권 ETF에 투자한다면 수익 구조는 크게 세 가지로 나눌 수 있다. 첫째는 미국 채권 자체에서 발생하는 이자 수익, 둘째는 채권 가격의 변동이다. 이는 채권의 금리 변동에 따른 가격 상승 또는 하락으로 설명될 수 있다. 마지막 셋째는 환율 변동이다. 언헤지 상태에서는 환율 변동이 투자 성과에 직접적인 영향을 미치게 된다.

언헤지된 미국 채권 ETF에 투자할 때, 환율 변동은 채권 수익을 극적으로 변화시킬 수 있다. 예를 들어, 미국 채권에서 20%의 수익을 얻었더라도 같은 기간 동안 원화가 달러 대비 10% 강세를 보인다면, 그 수익의 절반은 환차손으로 상쇄된다. 이 경우, 실질적으로 남는 수익은 10%가 된다. 반대로, 채권 수익이 10%에 그치고 환율이 10% 하락하게 된다면, 전체 수익은 상쇄되거나 손실이 발생할 수 있다.

환율 리스크를 관리하라

이처럼 언헤지 상태로 투자하는 경우, 환율 변동에 따라 환차익 또는 환차손을 감수해야 한다. 그럼 2024년 10월 현재 기준으로, 환율을 어떻게 전망할 수 있을까?

한국의 부채 이슈 등으로 인해 원화가 추가적인 약세로 진행될 가능성도 있다. 하지만 글로벌 전체로 봤을 때 이미 한국은 충분히 약세로 진행되어 있으므로 일정 수준은 강세로 전환될 여지가 있다고 본다.

그래서 일반적으로 환율은 제한적 원화 강세로 전망할 수 있다. 그리고 글로벌 투자은행들의 향후 1년간 전망을 취합해보면 1,200원 초반대로 전망하는 리서치 자료가 많다.

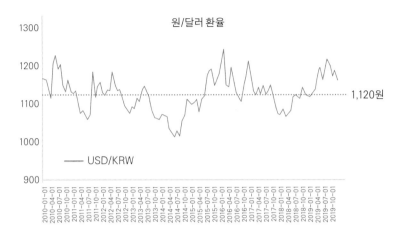

원/달러 환율(2010.1~2019.12)

원/달러 환율

1,120원

—— USD/KRW

취합해보면, 평균 1,300원 내외로 전망하고 있다. 원화의 적정

환율은 크게 두 가지 방식으로 계산할 수 있다. 첫째, 구매력 평가

Purchasing Price Parity로 계산하면 1,300원 내외다. 둘째, 한국과 미국의

금리 차 방식으로 적정 환율을 계산할 수 있다.

Asian EM FX fair values per USD

Purchasing power parity (PPP): differences of ln(CPI), 10y lookback; rate differentials: 3y lookback

	14-6-24	PPP	%dev.	r2	2y rate differential	%dev.	r2	5y rate differential	%dev.	r2	10y rate differential	%dev.	r2
CNY	7.3	7.0	-3.2	0.17	7.2	-0.9		7.2	-0.6		7.2	-0.2	
INR	83.6	78.1	-6.5		82.8	-0.8		83.6	0.0		83.9	0.4	
KRW	1385.7	1301.2	-6.1		1355.4	-2.2	0.61	1364.9	-1.5	0.55	1365.8	-1.4	0.47
TWD	32.4	30.0	-7.3	0.03	31.3	-3.5		31.2	-3.7		31.2	-3.7	
IDR	16480.6	13912.2	-15.6	0.04	15201.4	-7.8	0.39	15301.9	-7.2	0.56	15459.7	-6.2	0.68
THB	36.7	34.2	-6.8	0.05	35.5	-3.2	0.42	35.6	-2.9	0.41	35.8	-2.4	0.39
MYR	4.7	4.5	-5.1	0.20	4.6	-2.2		4.6	-1.7		4.7	-1.2	
PHP	58.7	52.0	-11.4	0.29	54.3	-7.5	0.13	55.0	-6.3	0.22	55.2	-6.0	0.19
VND	25455.0	23001.0	-9.6	0.00	24365.6	-4.3	0.54	24282.0	-4.6	0.44	24325.0	-4.4	0.52

Green: undervalued v USD; red: overvalued v USD; %dev: percentage deviations from latest values

MACROBOND

위의 표는 글로벌 경제분석자료 제공기관인 매크로본드MACROBOND

가 계산한 아시아 주요 국가들의 적정환율 계산 내역이다. 한국 원화KRW는 구매력 평가PPP로 계산하면 1,301.2원이며, 한국과 미국 10년 국채 금리 차로 계산하면 1,365원이다. 과거 2010년대 원달러 평균 환율은 1,120원이다.

그러나 현재 한국 경제 펀더멘탈을 감안하면 1,100대 환율로 회귀는 어려울 것으로 전망된다. 2010~2019년까지는 한국 국채 금리가 미국 국채 금리보다 높은 상황으로 달러 대비 원화 강세 구간이었다.

그러나 지난 2년 동안 달러 대비 원화가 급격하게 하락했다. 이 구간이 바로 한국 국채 금리는 하락하고, 미국 국채 금리는 상승한 구간이었다. 특히 2023년 이후에는 한국 금리와 미국 금리가 역전되어, 현재는 미국 국채 금리가 한국 국채 금리보다 높다.

일반적으로 환율은 다른 요인이 동일한 가정하에 양국 간의 금리 차로 결정된다. 즉 금리가 높은 국가통화가 강세로 가고, 반대편의 금리가 낮아지는 국가통화가 약세로 진행된다.

최근 2년간 달러 대비 원화가 약세를 보이는 이유는 뭘까? 한국 금리가 미국 금리보다 낮아지면 추세적인 약세를 보인다. 만약 한국 금리와 미국 금리 차가 더 확대된다면 추가적인 원화 약세가 발생할 것이다. 그러나 미 연준의 정책 금리 인하가 본격적으로 진행되면 미국 시장 금리도 점진적으로 안정화될 것으로 기대되어 달러 대비 원화 가치는 상승할 것으로 예상된다. 그리고 2025년 11월부터 시작되는 WGBI 지수 편입 효과는 일정 부분 원화 강세 요인이 될 것이다.

그러나 2010년 수준으로 회귀는 어려울 것으로 전망된다. 왜냐하

원/달러 환율 vs 금리 차

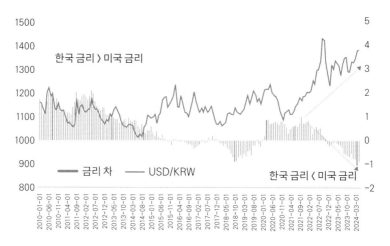

원 달러 환율 vs 금리 차

면 한국 금리가 향후에 미국 국채 금리보다 높아질 가능성이 매우 낮기 때문이다.

따라서 필자는 달러 대비 원화 가치는 현재보다 일정 부분 강세로 갈 수는 있으나, 1,100원대까지는 가지 않을 것으로 예상한다. 즉 1,300원 내외를 적정 환율로 볼 수 있다. 일시적으로 양국 간의 금리차 축소 내지 WGBI 편입 효과로 1,200대 후반까지도 가능할 것으로 전망된다.

이런 분석을 토대로 미국 자산에 투자할 때 환율 변동에 어떻게 대응할지 결정할 수 있다.

(1) 헤지된 투자: 원화로 수익을 확정하고 싶은 투자자에게는 헤

지된 미국 채권이나 주식 ETF가 적합하다. 환율 변동 리스크를 회피함으로써 안정적인 수익을 기대할 수 있다.

(2) 언헤지된 투자: 달러 자산을 장기적으로 보유하면서 환율 변동을 감수할 의향이 있다면, 언헤지된 투자도 하나의 전략이 될 수 있다.

이처럼 환율 변동을 감안하여 헤지 여부를 결정해야 한다. 특히 장기적으로는 평균 회귀 현상을 고려한 전략적 판단이 필요하다. 이를 통해 미국 자산에 투자할 때 환율 리스크를 보다 효과적으로 관리할 수 있을 것이다.

7장

미국 국채
ETF 총정리

미국 대표 채권 ETF 수익률 총정리!

미국 국채 ETF 중 대표적인 상품들을 살펴보자. 앞서 초단기 채권인 ULST와 1~3년의 단기 채권 SHY를 소개했다. 중기 채권으로는 7~10년짜리 IEF(iShares 7-10 Year Treasury Bond ETF)가 있다. 또 장기 채권으로는 20년짜리 TLT(iShares 20+ Year Treasury Bond ETF)가 있다.

채권 ETF를 선택할 때는 반드시 고려해야 할 세 가지 중요한 요소가 있다.

(1) 듀레이션: 듀레이션은 채권의 금리 변동에 대한 민감도를 나

타낸다. 금리가 1% 변동할 때, ETF의 가격이 얼마나 변동할지를 알려준다. 듀레이션이 클수록 금리 변동에 따른 가격 변동 폭이 커진다. 예를 들어, 듀레이션이 5라면 금리가 1% 오를 때 ETF 가격이 5% 하락할 수 있다는 의미다. 따라서 채권 ETF에 투자할 때 듀레이션을 반드시 확인해야 한다.

(2) 신용등급: 채권 ETF가 포함하고 있는 채권의 신용등급은 매우 중요하다. 국채와 같은 우량 채권은 경제가 나빠질 때 더 좋은 성과를 낸다. 반면 신용등급이 낮은 하이일드 채권은 경제가 좋아질 때 더 높은 수익을 기대할 수 있다. 따라서 ETF에 포함된 채권의 가중 평균 신용등급을 확인하여, 해당 ETF가 어떤 경제 상황에서 성과가 좋을지 판단해야 한다.

(3) 만기 수익률: 만기 수익률은 채권 ETF의 예상 수익률을 나타낸다. 현재의 금리 환경이 지속된다고 가정할 때, 1년 동안 ETF에서 기대할 수 있는 이자 수익을 의미한다. 만기 수익률이 5%라면, 투자자는 해당 ETF에서 1년 동안 5%의 이자 수익을 기대할 수 있다. 만기 수익률은 채권 투자에서 매우 중요한 요소로, 채권 ETF의 수익을 간단하게 평가할 수 있는 지표다.

이 세 가지 요소를 종합적으로 고려하면, 채권 ETF 투자에서 금리 변동 리스크를 최소화하고, 경제 상황에 맞는 적절한 채권을 선택할 수 있다. 그럼 이 세 가지에 따라 앞서 소개한 ETF들을 분석해보자.

우선 국채는 기본적으로 신용등급이 매우 높기 때문에 신용등급에 대한 고려는 회사채나 하이일드 채권을 다룰 때 더 중요해진다. 따라서 미국 국채 ETF를 선택할 때는 듀레이션과 만기 수익률을 주의 깊게 살펴보고, 본인의 투자 성향에 맞춰 금리 변동에 따른 위험을 관리하는 것이 중요하다.

그럼 듀레이션부터 보자. 듀레이션이 낮을수록 금리 변동에 덜 민감하다. ULST는 듀레이션이 0.85로 금리 변동에 거의 영향을 받지 않는다. 금리가 1% 움직이더라도 가격 변동이 크지 않다. 반면 TLT는 듀레이션이 16.9로 금리가 1% 변동할 때 가격이 거의 17% 변동할 수 있다. 따라서 장기 채권 ETF는 금리 하락 시 큰 수익을 기대할 수 있지만, 금리 상승 시에는 큰 손실을 입을 위험이 있다.

이번에는 만기 수익률을 보자. 2024년 1월 말 기준으로 만기 수익률을 보면, ULST는 5.61%, TLT는 4.30%의 만기 수익률을 보여준다. 이처럼 단기 채권 ETF는 금리 변동에 민감하지 않으면서도 안정적인 이자 수익을 제공한다. 반면 장기 채권 ETF는 가격 변동성에 더 큰 영향을 받는다.

이번에는 채권 ETF의 신용등급 측면을 한번 보자. 하이일드 채권 ETF의 듀레이션은 3.7 수준으로 중간 정도의 금리 민감도를 가지고 있으며, 만기 수익률이 8~9%다. 하지만 하이일드 채권은 신용등급이 낮기 때문에 경제 상황이 호전될 때 특히 유리하다. 즉 경제가 턴어라운드 할 때 이 채권의 성과가 더 좋아지며, 상대적으로 높은 수익을 기대할 수 있다.

다음으로 신용등급이 상대적으로 낮은 채권 ETF로 EMLC(JP모건

이머징 로컬 커런시 국채 ETF)는 이머징 마켓 통화로 발행된 국채에 투자하는 상품이다. 듀레이션은 4.8로, 금리 변동에 조금 더 민감하며, 이자 수익률은 7% 이상을 제공한다.

이 ETF의 신용등급은 BBB로, 하이일드 채권과 국채의 중간 정도에 해당하는 신용등급이다. 이머징 마켓 국채는 하이일드 채권만큼의 수익을 제공하지는 않는다. 그러나 여전히 7% 이상의 안정적인 이자 수익을 기대할 수 있다.

중요한 점은 이머징 마켓 통화가 강세일 때 EMLC의 성과가 더 좋아질 가능성이 크다는 것이다. 이머징 마켓 국채는 달러 대비 통화 강세를 띨 때 투자 수익률이 더욱 증가한다. 또 통화 변동성이 큰 시장에 투자하는 만큼 환율 리스크도 고려해야 한다.

2023년 12월 13일 기준으로 그 이전 1개월 동안의 미국 국채 ETF와 기타 채권들의 성과를 살펴보았다. 그랬더니 금리 하락으로 인해 듀레이션이 긴 채권일수록 더 큰 가격 상승을 기록했다는 걸 알 수 있었다.

ULST는 0.6%, SHY는 0.9%, IEF는 3.6%, TLT는 8% 상승했다. 12월 13일 이후 TLT는 추가로 3% 이상 상승하여 최근 한 달 동안 총 10% 이상 올랐다. 하이일드 채권은 3%, EMLC는 2% 상승했다. 투자 적격 채권의 경우 듀레이션이 길수록 가격 상승 폭이 컸다. 특히 TLT의 3배 레버리지 ETF인 TMF는 최근 한 달 동안 25.7% 상승했다. 연준 발표 이후 총 30%까지 상승하며 주식보다 더 높은 수익을 기록했다.

이처럼 최근 금리 하락으로 인해 듀레이션이 긴 채권, 특히 TLT와 같은 장기 채권의 성과가 매우 우수했다. 반면 ULST와 SHY와 같은 단기 채권은 상대적으로 안정적인 수익을 기록했다. 하이일드 채권과 이머징 마켓 채권도 꾸준한 상승을 보였으며, 특히 TMF와 같은 레버리지 ETF는 높은 변동성을 보이면서 큰 수익을 기록했다.

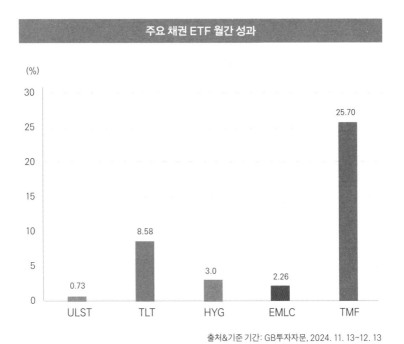

주요 채권 ETF 월간 성과

출처&기준 기간: GB투자자문, 2024. 11. 13~12. 13

미국 채권 ETF, 이렇게 투자하라

앞서 ULST는 듀레이션이 0.8로 매우 짧기 때문에 금리 변동에 따른 가격 영향이 거의 없다고 했다. 실제로 지난 12개월 동안의 ULST

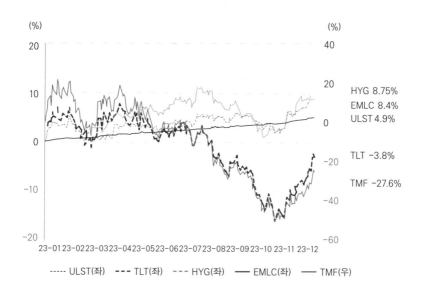

주요 채권 ETF의 2023년 초 이후 성과

성과를 보면, 검은색 차트가 거의 일자처럼 움직였다. 이는 금리 변동에 따른 큰 가격 변화가 없었기 때문이다.

지난 1년 동안 금리가 크게 변동했음에도 불구하고 ULST는 안정적인 흐름을 유지하며 약 5%의 성과를 기록했다. 이러한 성과는 ULST의 듀레이션이 1년 미만으로 짧고, YTM이 약 5% 수준으로 안정적인 이자 수익을 제공하기 때문에 가능했다. 변동성 없이 안정적인 수익을 원하는 투자자들에게 ULST가 적합한 이유다.

연초 이후에 가장 성과가 좋았던 채권 중 하나는 EMLC였다. 필자는 2023년 초에 세 가지 채권을 추천했다. ULST, TLT 그리고 EMLC를 조합하여 포트폴리오를 구성하자고 했다. 특히 TLT에 대해서는 금리가 하락하는 상황에서는 박스권 매매 전략을 활용하라고 말했다.

구체적으로는, 미국 10년 국채 금리가 3.5% 아래로 가면 포지션을 줄이고, 4%를 넘으면 비중을 확대하는 전략을 제시했다. 이와 함께 ULST와 EMLC를 디폴트 포트폴리오로 강조했었다.

실제로 EMLC는 연초 이후 8%의 수익을 냈으며, ULST도 안정적인 성과를 기록했다. TLT는 연초 이후 마이너스 3%의 성과를 보였지만, 필자가 제안한 박스권 매매 전략을 적용했다면 훨씬 더 나은 성과를 거둘 수 있었을 것이다. 이렇게 세 가지 채권을 조합하여 포트폴리오를 구성한 결과, 안정적이면서도 좋은 성과를 낼 수 있었다.

TLT와 TMF 투자 전략

이번에는 많은 사람이 가지고 있는 TMF를 한번 보자. TMF는 TLT와 같은 방향으로 움직이지만, 진폭이 훨씬 크다. TMF는 TLT를 3배로 복제한 ETF이므로, TLT의 움직임에 비례해 더 큰 변동성을 보인다.

예를 들어, TLT가 지난 1년 동안 원래 가격 수준으로 되돌아온 반면, TMF는 20%가량 더 손실을 기록했다. 그 이유는 레버리지 ETF의 가격 산정 방식이 일별 가격 산정 방식이기 때문이다. 그래서 TMF와 같은 레버리지 상품은 장기 보유 전략보다는 단기적으로 방

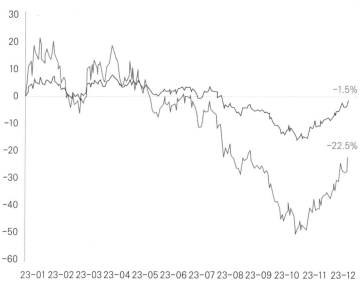

TLT vs TMF

향성을 정확하게 잡아 활용해야 한다.

TMF의 듀레이션은 50으로, 이는 금리가 1% 변동할 때 채권 가격이 50% 변동할 수 있음을 의미한다. TLT의 듀레이션이 16.5인 것과 비교했을 때, TMF는 훨씬 더 민감하게 금리 변동에 반응한다. 예를 들어, 금리가 1% 하락하면 TMF의 가격은 50% 상승할 수 있다. 하지만 이는 금리 변동 방향을 정확하게 예측할 수 있을 때만 유리한 전략이다.

필자가 TMF를 언급할 때마다 '스나이퍼처럼 접근하라'고 강조한 이유는, 무턱대고 장기 보유하는 것보다 금리 방향을 정확하게 예측하고 짧은 기간 동안 투자하는 것이 훨씬 효과적이기 때문이다. TMF는 1개월에서 2개월 정도의 명확한 방향성이 보일 때 짧게 투자하는 것이 적합하며, 이를 잘 활용하면 주식보다 더 큰 성과를 낼 수 있다.

하지만 TMF를 장기적으로 보유하는 것은 권장하지 않는다. 금리가 하락할 것으로 예상되는 시점에 듀레이션이 긴 채권을 활용하는 전략이 더 적합하다. TMF는 높은 리스크와 보상이 있는 상품으로, 금리 방향에 대한 확신이 있는 투자자에게 적합한 상품이라고 할 수 있다.

역대급 엔저, 엔화 표시 미국 국채 투자하기

엔화가 약세를 이어가는 이유

달러 대비 엔화 환율이 2022년 이후 지속적으로 약세를 보이고 있다. 일반적으로 통화는 양국 간의 금리 차로 설명하는 것이 가장 쉽고도 간단한 방법이다.

2022년 초반 이후 2024년 후반까지 양국 간(미국과 일본) 통화 정책 차이로 인하여 국채 시장 금리가 지속적으로 확대되면서, 엔화 약세 환경이 조성되었다. 다음 표는 최근 3년간 양국 간의 10년 국채 금리와 금리 차를 정리한 자료다. 금리 차가 확대될수록 달러 대비 엔화 약세를 보인 것을 확인할 수 있다.

이렇게 양국 간의 금리 차가 확대된 것은 일본의 오랜 제로금리

	일본	미국	금리차(%)	달러/엔
2021.6	0.05%	1.54%	1.49%	110
2022.6	0.23%	2.92%	2.69%	134
2023.6	0.38%	3.85%	3.47%	144
2023.11	0.75%	4.55%	3.80%	150
2024.10	1.00%	4.30%	3.30%	148

정책과 더불어, 2022년 초부터 시작된 미 연준의 금리 인상 사이클이 맞물리면서 조성된 상황이다.

그럼 향후 엔화는 어떻게 될까?

달러 대비 엔화 향배를 다각도로 점검해보면 다음과 같다.

우선, 지난 2년 동안 확대된 양국 간의 금리 차는 점진적으로 줄어들 것으로 예상된다. 현재 일본은행^{BOJ}은 점진적인 금리 인상을 추진하고 있어 2025년 말까지 일본은행 정책 금리가 1% 수준까지 상승할 것으로 글로벌 투자은행들은 전망하고 있다.

반면, 미 연준은 최근 정책금리 인하를 개시했으며, 2025년에도 금리 인하가 지속될 것으로 예상된다. 따라서 2025년에 미국과 일본의 정책 금리가 축소되면, 그동안 확대되었던 양국 간의 시장 금리 차도 점진적으로 감소할 것으로 예상된다.

달러 대비 엔화 추세

미국과 일본 금리 차(좌) vs. USD/JPY(우)

.... US 10Y-JP 10Y (좌)　　—— USD/JPY (우)

출처: Bloomberg, GB투자자문

2025년에 엔화가 매력적인 투자 대안으로 부상하는 두 번째 요인은 글로벌 경기가 점차 둔화하고 있다는 점이다. 엔화는 글로벌 통화 중 가장 방어적Defensive 통화다. 즉 글로벌 위험 요소가 커질수록 엔화가 강세로 전환된다.

일반적으로 글로벌 경제가 둔화되면 달러 강세가 진행된다. 흥미롭게도, 이런 상황에서 대다수가 달러 대비 약세가 되지만, 스위스 프랑과 엔화는 오히려 달러 대비 강세를 보이고 있다.

실제 글로벌 경제가 어려움 가중되었던, 2008년 글로벌 금융위기 구간과 2020년 팬데믹 구간 대다수 통화는 달러 대비 약세를 보이는 반면, 엔화는 달러 대비 강세를 보였다.

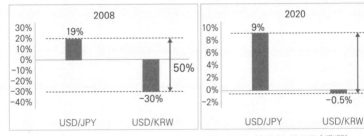

경기 침체 시, 엔화는 안전자산

- 경기 침체 시, 달러 대비 원화는 약세이나, 엔화는 달러 대비 강세
- 과거 경기 침체 시, 글로벌 금융위기와 팬데믹 당시 달러 대비 엔화 강세

글로벌 금융위기 구간

2008

19%

-30%

50%

USD/JPY   USD/KRW

2008.08.15~2008.12.15 리먼 사태

펜데믹 초기 구간

2020

9%

-0.5%

10%

USD/JPY   USD/KRW

2020.02.20~2020.03.09 코로나 팬데믹

현재 미국을 제외한 대다수 국가, 즉 유럽과 중국 모두 상당한 경기 침체 위기에 있다. 상대적으로 양호한 미국 경제에서는 소비의 주 요소인 노동 시장이 둔화되고 있다.

만약 글로벌 경제가 지속적으로 둔화된다면 엔화는 가장 매력적인 투자 대안 중에 하나다. 동시에 엔화는 개인들의 투자 포트폴리오에서 위험 헤징 역할도 할 수 있는 자산이다.

4부

시장에서 바로 써먹는
채권 투자 실전 노하우

주식 투자처럼
공격적으로 채권 운용하기

경제 상황에 따라 좋은 채권도 다르다

　채권은 주식 못지않게, 또는 상황에 따라서 주식보다 더 큰 수익을 낼 수 있다. 물론 기간에 따라 다르겠지만 말이다. 그 방법은 크게 두 가지다. 하나는 채권 섹터를 잘 투자하는 것이고, 다른 하나는 단기 채권과 장기 채권을 잘 섞어서 투자하는 것이다. 이 두 가지는 사실 서로 얽혀 있다.

　예를 들면 국채를 투자하는 타이밍에 국채에 장기 채권을 투자하고, 하이일드 채권을 투자하는 타이밍에 하이일드 장기 채권을 투자를 하면 수익이 굉장히 크게 난다. 국채에서 큰 수익을 내고, 그다음에 하이일드 채권에서 큰 수익을 내고, 그다음에 이머징 마켓에서 큰 수익을 내면 생각보다 굉장히 빠른 속도의 큰 수익을 낼 수 있다. 물론 이것은 공격적으로 투자한다는 전제로 말하는 것이다.

먼저 기본적인 내용을 복습해보자. 채권의 신용등급은 AAA부터 시작하여, A, BBB, 그리고 더 내려가면 B와 CCC까지로 구분된다. 이 신용등급 체계에서 중요한 점은, 투자 적격 채권과 투자 부적격 채권을 구분하는 기준이다. 일반적으로 BBB 등급 이상이 투자 적격 채권에 해당하고, 그보다 낮은 등급은 하이일드 채권, 즉 투자 부적격 채권으로 분류된다.

채권을 신용등급으로 구분할 수 있지만, 이를 다른 관점에서 보면 가장 안전한 채권은 국채다. 그다음으로는 준정부채나 공채, 우량 회사채 순으로 안정성이 낮아지고, 마지막으로 하이일드 채권이나 이머징 마켓 채권이 있다. 이머징 마켓 채권은 일반적으로 위험도가 더 높은 투자 대상으로, 보통 투자 부적격에 속한다.

예를 들어, 한국 국채를 생각해보자. 국내에서는 가장 안전한 채권이지만, 해외에서 달러로 자금을 조달할 때 발행하는 달러 표시 한국 국채는 글로벌 투자자들의 관점에서는 상대적으로 더 위험할 수 있다. 미국 국채(AAA)와 비교했을 때, 한국 국채가 A 등급이라면 더 높은 위험을 동반하는 것으로 평가받을 수 있다. 등급이 더 낮은 멕시코 같은 경우는 BBB 정도의 신용등급을 받을 수 있다.

결국 달러 표시로 발행되는 이머징 마켓 채권은 투자 부적격 채권에 해당한다. 그리고 그 위험은 신용등급에 따라 달라진다. 이와 같은 맥락에서 이머징 마켓 채권도 하이일드 채권으로 분류될 수 있다.

달러로 채권을 조달한다는 것은 글로벌 기준에 따라 해당 국가의 신용도를 기반으로 발행된다는 의미다. 즉 달러 표시 채권은 그 국가의 국가 위험도를 반영하여 신용등급을 평가받고, 이를 바탕으로 채권의 금리가 결정된다.

예를 들어, 인도네시아가 달러 표시 국채를 발행하려고 한다면, 먼저 해당 국가의 신용등급을 평가받는다. 이 신용등급은 국가의 경제 상황, 정치적 안정성, 외화 유동성 등 다양한 요소를 고려해서 평가하고 금리를 정한다.

가장 안전한 채권으로 간주되는 미국 국채의 금리가 5%라고 가정해보자. 인도네시아 채권이 BB 등급이라면, 미국 국채에 비해 더 높은 위험을 동반하므로, 투자자들은 위험 프리미엄을 요구한다.

즉 미국 국채보다 더 높은 금리를 제시해야 투자자들이 인도네시아 채권에 투자할 동기가 생기게 된다. 만약 미국 국채의 금리가 5%이고, 인도네시아 채권이 BB 등급으로 평가되어 더 위험하다고 판단된다면, 그에 따라 추가적인 위험 프리미엄 3%가 붙어서 8% 금리로 발행될 수 있다.

"그래서 어떤 채권이 제일 좋은가요?"라고 묻는다면 정답은 없다. 채권의 종류나 신용등급에 따라 각기 다른 상황에서 이점이 달라지기 때문이다. 특히 경제가 어떻게 움직이는지에 따라 투자 전략도 달라진다.

경제가 나빠지기 직전에는 안전한 자산이 가장 매력적이다. 예를 들어, 경제가 급격히 나빠질 것으로 예상된다면 사람들은 주식, 부동산, 사업 등에 투자하는 것을 불안해하기 때문에 더 안전한 자산을 찾는다.

일반적으로 은행 예금이 안전한 자산으로 여겨지지만, 은행도 부도가 날 수 있고 예금은 일정 금액까지만 보장된다. 그렇기 때문에 국채가 더 안전한 선택이 될 수 있다. 특히 국채는 정부가 채무를 보증하기 때문에 금액의 제한 없이 안전하다. 이것을 '안전자산선호 Flight to Quality'라고 한다. 즉 위험한 자산에서 안전한 자산으로 이동하는 현상이다.

모든 금융 자산의 가격은 수요와 공급에 의해 결정된다. 경제가 나빠질 것이라는 예상이 있으면 국채와 같은 안전 자산의 수요가 증가한다. 그 결과 국채의 가격이 상승하게 된다. 따라서 경제가 어려워질 것으로 예상되는 시점에서는 국채에 투자하는 것이 유리하다. 이미 국채 가격이 상승하기 전에 미리 투자해두면 수익을 기대할 수 있다.

반대로 경기가 바닥에 다다를 때쯤 되면 상황이 달라진다. 경기 바닥에 다다를 때는 이미 국채 가격이 많이 올라갔을 가능성이 크다. 반면 이머징 마켓 채권이나 하이일드 채권처럼 신용등급이 낮은 채권들은 사람들이 부도 위험 때문에 회피하려고 한다. 이런 상황에서는 낮은 가격에 거래되고 있을 가능성이 크다. 사람들이 이들 채권에 투자하지 않으면 채권 가격이 떨어지기 마련이다.

하지만 경기가 바닥에서 반등할 것이라는 징후가 보일 때, 신용등급이 낮은 채권들을 매우 저렴한 가격에 살 기회가 된다. 이때 이러한 위험 자산에 투자해두면 경기가 회복될 때 큰 이익을 얻을 수 있다.

경기 꼭지에서는 국채, 경기 바닥에서는 하이일드 채권

"그렇다면 복잡하게 생각할 필요 없이 경기가 바닥일 때는 그냥 주식에 투자하면 되는 거 아닌가요?"라는 질문이 나올 수 있다. 하지만 그렇지 않다. 주식에 대해 간단한 시나리오 세 가지를 생각해보자.

첫 번째, 주가가 바닥에서 회복하여 10% 오른다고 가정한다. 두 번째, 바닥에서 1년 동안 횡보할 수 있다. 이 경우 투자 수익은 0%가 될 것이다. 세 번째, 예상과 다르게 주가가 더 떨어져 10% 하락할 수도 있다. 이게 주식에서 나올 수 있는 상황별 수익률의 기본적인 계산이다.

이제 하이일드 채권의 수익률을 이론적으로 계산해보자. 하이일드 채권은 이자 수익과 가격 변동으로 수익을 얻는다. 여러 번 말했듯이, 하이일드 채권은 껍데기는 채권이지만 가격 움직임은 주식과 유사하다. 경제가 나빠지면 하이일드 채권의 가격도 주식처럼 하락할 수 있다. 하지만 하이일드 기업의 경우 경제가 나쁠 때 더 높은 금리를 제공하므로, 이자율이 10% 이상까지 오를 가능성이 충분하다.

첫 번째 시나리오에서 주식은 10% 오르지만, 하이일드 채권은 가격 상승 10%에 이자 수익 10%가 추가로 붙는다. 따라서 하이일드 채권의 총수익은 20%가 될 수 있다. 두 번째 시나리오에서 주식이 횡보하면 수익이 0%겠지만, 하이일드 채권은 여전히 10%의 이자 수익을 얻을 수 있다. 세 번째 시나리오에서 주가가 10% 하락하더라도, 하이일드 채권은 이자 수익 덕분에 손실을 완화할 수 있다. 이자는 가격 하락을 상쇄할 수 있는 '범퍼' 역할을 한다.

따라서 바닥권에서는 주식보다 하이일드 채권이 더 안전한 선택이 될 수 있다. 주가 상승 시 가격 상승과 이자 수익을 동시에 기대할 수 있고, 주가가 횡보하거나 하락할 때도 최소한 이자 수익을 얻을 수 있기 때문이다.

결론적으로, 하이일드 채권의 투자 타이밍은 경제가 바닥권에 있을 때가 가장 좋은 수익을 기대할 수 있는 시기다. 반대로 국채는 경제가 하락하는 국면에서 좋은 투자 타이밍이다.

극단적인 예로 2008년 리먼 사태와 2009년 경제 회복 시기를 비교해볼 수 있다. 2008년에는 S&P 500 지수가 50% 이상 하락했고, 2009년에는 25% 정도 회복했다. 경제가 급격히 하락하고 다시 반등하는 전형적인 흐름이었다.

이 시기에 미국 10년짜리 국채 ETF에 투자했다면, 2010년에는 약 20%의 수익을 거둘 수 있었다. 경제가 무너질 때는 안전자산으로 수요가 몰리기 때문에 국채는 좋은 수익을 기대할 수 있다.

반면 2008년에 하이일드 채권에 투자했으면 주식과 마찬가지로 큰 타격을 입었을 것이다. 실제로 하이일드 채권 ETF는 -26% 손실을 기록했다. 하지만 2009년 금리 인하와 경제 회복이 시작되면서 하이일드 채권 ETF는 놀랍게도 54%의 수익을 기록했다.

결론은 매우 간단하다. 경기가 나빠질 것 같다면 국채에 투자하고, 경기가 바닥에 도달하면 하이일드 채권으로 전환하는 전략이 유효하다. 이런 메커니즘을 이해하고 매크로 경제 흐름을 잘 파악하면서 자산을 운용하면, 매우 좋은 수익을 기대할 수 있다. 액티브하게 매크로를 보며 자산을 배분하는 것이 수익을 극대화하는 데 도움이 될 것이다.

수익을 극대화하는 방법은 크게 두 가지로 나눌 수 있다. 첫 번째는 자산 선택, 두 번째는 듀레이션 관리다. 금리가 떨어질 것으로 예상되면 가격 상승이 기대되므로 적극적으로 투자해야 한다. 이때는 듀레이션이 긴 채권에 투자해야 한다. 반면, 금리가 올라갈 것으로 예상되면 가격 하락의 위험이 있기 때문에 단기 채권에 투자하는 것이 유리하다. 즉 금리의 방향성에 따라 듀레이션 전략을 조정하는 것이 매우 중요하다.

듀레이션에 따른 채권 가격 변화는 시장 상황에 큰 영향을 받는다. 예를 들어, 2013년과 2014년을 보자. 2013년에는 미국 10년 국채 금리가 0.9% 올랐고, 2014년에는 0.9% 내렸다. 이때 단기, 중기, 장기 국채 ETF들의 퍼포먼스를 살펴보면 금리 변화에 따라 매우 다른 결과를 보였다.

2013년에 금리가 올랐을 때 장기 국채 ETF는 -12.7% 손실을 기록했다. 중기 국채 ETF는 -1.5% 손실을 봤다. 단기 국채 ETF는 금리가 올랐음에도 불구하고 0.2%의 플러스 수익을 냈다.

단기 채권은 금리 변동에 상대적으로 덜 민감하기 때문에, 금리 인상에도 불구하고 이자 수익으로 인해 손실을 상쇄한 것이다. 반면 장기 채권은 가격이 금리 변화에 민감하여 더 큰 손실을 기록했다.

반대로, 2014년 금리가 1% 내렸을 때는 단기 채권 ETF는 0.5%의 수익을 냈다. 장기 국채 ETF는 무려 25%의 수익을 기록했다. 이러한 현상은 듀레이션 효과에 의한 것이다. 금리가 떨어질 때는 듀레이션이 긴 채권에 투자해서 큰 수익을 낼 수 있고, 금리가 오를 때는 듀레이션이 짧은 채권을 선택해서 손실을 최소화할 수 있다.

따라서 금리가 떨어질 것으로 예상된다면 긴 듀레이션 채권에 투자하여 수익을 극대화할 수 있다. 반대로 금리가 오를 것으로 예상된다면 짧은 듀레이션 채권으로 리스크를 줄이는 것이 좋다. 이후 경제 사이클이 바닥에 도달했을 때는 하이일드 채권으로 전환하고 듀레이션을 조정하면 경기 회복 국면에서 더 큰 수익을 기대할 수 있다.

또 하나의 월급,
월배당 채권 ETF 투자

월배당 나오는 커버드콜 채권 투자 전략

요즘 채권 ETF에 투자할 때 커버드콜covered-call 전략을 많이 쓴다. 또 국내의 채권 ETF 회사들에서 커버드콜 관련된 상품을 많이 출시한다.

커버드콜은 기본적으로 주식이나 채권의 현물 자산과 콜옵션 매도를 결합하여 수익을 창출하는 전략이다. 이 전략은 두 가지로 구성된다.

(1) 현물 자산 매수: 먼저 주식이나 채권의 현물을 보유하거나, 주식 ETF나 채권 ETF를 매수한다. 채권을 예로 들면, 투자자는

채권 또는 채권 ETF를 매수하여 기본적인 이자 수익을 기대할 수 있다.

(2) 콜옵션 매도: 동시에 콜옵션을 매도한다. 콜옵션이란 일정한 가격에 자산을 매수할 수 있는 권리를 부여하는 것이다. 콜옵션 매도자는 그 권리를 팔아 프리미엄(옵션 수익)을 얻게 된다. 예를 들어, 특정 가격 이상에서 자산이 거래될 경우 옵션 매수자가 매수할 권리를 행사할 수 있다. 하지만 그전에 받은 프리미엄만큼은 매도자의 수익이 된다.

커버드콜 전략의 핵심은, 자산의 가격이 크게 변동하지 않을 것으로 예상될 때, 콜옵션 매도를 통해 추가적인 수익을 얻는 것이다. 채권이나 채권 ETF에 적용할 때는, 이자 수익과 콜옵션 프리미엄이라는 두 가지 수익을 동시에 추구하는 방법이다.

예를 들어, 채권 ETF를 보유하고 있는 상태에서 콜옵션을 매도하면, 채권 ETF에서 나오는 이자 수익에 더해 옵션 매도로 인한 프리미엄 수익을 추가로 얻을 수 있다. 이 전략은 채권 가격이 큰 폭으로 상승하지 않을 것으로 예상될 때 적합하다. 만약 자산 가격이 많이 오르지 않는다면, 옵션이 행사되지 않고 프리미엄을 고스란히 얻을 수 있기 때문이다.

채권과 콜옵션 매도를 결합한 전략을 쉽게 설명해보겠다. 먼저 채권이나 채권 ETF를 보유했을 때의 기본적인 수익 구조를 보자.

가로축은 채권 가격이고, 세로축은 손익이다. 예를 들어, 채권

ETF 가격이 100달러일 때 채권을 샀다고 가정하자. 만약 채권 가격이 110달러나 120달러로 올라가면 수익을 얻게 된다. 즉 가격이 상승하면 수익이 커진다. 반대로 가격이 90달러나 80달러로 떨어지면 손해를 보게 된다. 가격이 하락할수록 손실이 커진다.

커버드콜 구성

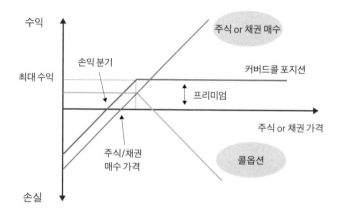

콜옵션을 매도하는 것은 특정 가격 이상에서 상대방이 자산을 매수할 수 있는 권리를 팔고, 그 대가로 프리미엄을 받는 것이다. 예를 들어, 채권 ETF가 100달러일 때, 콜옵션을 110달러에 매도했다고 가정해보자. 이 경우, 채권 가격이 110달러 이하에서 거래되면 콜옵션이 행사되지 않기 때문에, 받은 프리미엄만큼 수익을 얻는다.

하지만 채권 가격이 110달러 이상으로 올라가면 옵션 매수자가 그 권리를 행사하게 된다. 그때부터는 내가 수익을 얻을 수 있는 한도가 제한된다. 가격이 더 올라가도 그 이상의 수익을 얻지 못하는 것이다. 오히려 손해를 볼 수 있는 구조로 변한다.

정리하면, 채권이나 채권 ETF를 보유하면 가격이 오르면 오를수록 더 큰 수익을 얻고, 가격이 떨어지면 손실을 본다. 콜옵션 매도를 결합하면, 가격이 크게 오르지 않을 때는 옵션 프리미엄을 통해 추가 수익을 얻을 수 있다. 하지만 가격이 많이 오를 경우에는 이익이 제한되거나 손실을 볼 수 있다.

커버드콜을 구성할 때는 첫 번째로 채권(또는 주식)을 매수하는 포지션을 잡고, 동시에 콜옵션을 매도하는 두 가지를 결합한다. 채권을 보유한 경우, 가격이 오를수록 수익이 증가하고 가격이 하락하면 손실을 본다. 반면 콜옵션을 매도하면 일정 가격 이상에서 수익이 제한되거나 손실이 발생할 수 있다.

이 두 가지를 결합하면 커버드콜의 최종 수익 구조가 결정되는데, 이 그래프처럼 수익이 안정적으로 제한되는 형태로 나타난다. 그래서 커버드콜 전략은 자산 가격이 크게 변동하지 않을 것을 예상할 때 안정적인 수익을 얻는 방법이다.

채권 ETF를 예로 들어보자. TLT를 보유하고 있을 경우, 가격이 내려가면 손실을 보고, 가격이 올라가면 수익을 얻게 된다. 일반적으로 ETF를 보유한 상태에서는 가격이 상승하는 만큼 수익이 계속해서 증가하는 반면, 하락할 경우 손실이 발생한다.

그러나 커버드콜 전략을 사용하면 수익 구조가 달라진다. 가격이 하락할 때는 채권 ETF를 단순히 보유했을 때보다 손실이 적게 발생한다. 콜옵션 매도로 인해 프리미엄을 받기 때문에 하락 시 손실이 일부 상쇄된다.

가격이 횡보할 때는 콜옵션 매도 프리미엄 덕분에 일반 ETF를 보유한 것보다 더 많은 수익을 기대할 수 있다.

가격이 상승할 때는 일반 ETF는 가격이 오르면 계속해서 수익을 얻을 수 있다. 그러나 커버드콜에서는 일정 수준까지 수익을 얻고 난 후, 더 이상의 수익은 제한된다. 이것이 바로 수익률에 '캡'이 씌워져 있다는 의미다. 일정 수준 이상으로 가격이 오르면 옵션이 행사되면서 더 이상 수익을 얻지 못한다.

커버드콜의 장단점

커버드콜 전략의 가장 큰 장점은 두 가지다.

첫 번째는 옵션 프리미엄이다. 콜옵션을 매도하면 프리미엄을 받게 되는데, 이 프리미엄이 추가적인 수익을 제공한다. 즉 커버드콜을 사용하면 일반적인 채권 ETF보다 옵션 프리미엄만큼 더 많은 수익을 기대할 수 있다.

두 번째는 하방 보호(다운사이드 프로텍션)다. 채권 가격이 하락할 때, 일반 채권 ETF에 비해 손실이 적게 발생한다. 옵션 프리미엄이 하락에 대한 버퍼 역할을 하기 때문에, 채권 가격이 하락하더라도 손실이 줄어드는 효과가 있다. 다만 커버드콜이 하방 손실을 완전히 막아주는 것은 아니다. 일정 부분(콜옵션 매도 프리미엄만큼)만 덜 손해 보는 것이다.

반면 커버드콜 전략의 약점도 분명 존재한다.

첫 번째 약점은 기초 자산의 가격 하락이다. 예를 들어, 금리가 상승하면 채권 가격이 하락한다. 이때 커버드콜 전략을 사용해도 이러한 하락 리스크에서 완전히 벗어날 수는 없다. 주식의 배당이 아무리 높아도 주가가 하락하면 손실을 보는 것처럼, 커버드콜 채권 ETF도 금리 상승에 따른 채권 가격 하락 리스크에 노출된다.

두 번째 약점은 상방 수익의 제한(캡)이다. 채권 가격이 크게 상승할 때, 커버드콜 전략을 사용하면 옵션 매도로 인해 상방 수익이 제한된다. 즉 가격이 크게 오를 때는 커버드콜을 사용하지 않은 일반 채권 ETF보다 상승 폭이 제한되어 더 많은 수익을 얻지 못하게 된다. 본격적으로 채권 랠리가 시작되면 커버드콜 전략을 사용한 ETF는 큰 수익을 기대하기 어렵다.

결론적으로, 커버드콜 전략은 안정적인 수익과 하방 보호를 제공하지만, 상승장에서 수익 기회를 놓치는 리스크가 있다. 그래서 잘못하면 '소탐대실'이 될 수 있다. 수익을 조금 더 내려고 커버드콜을 샀는데 본격적으로 주식이나 채권의 랠리가 시작되면 참여를 못하는 것이다. 따라서 커버드콜 전략은 기초 자산의 가격 상승 가능성이 클 때는 적합하지 않다는 점을 염두에 두어야 한다.

3장

경제 위기에 미리 준비하는
하이일드 채권

글로벌 투자은행들의 경제 전망

2023년 연말과 2024년 초를 거치면서 여러 글로벌 투자은행이 경제 전망을 발표했다. 그중 몇 가지 주요 내용을 소개하고자 한다.

먼저 JP모건의 2024년 전망을 보면, 인플레이션이 잡힐 것으로 예상했으며, 현금보다는 채권이 더 매력적일 것이라 보았다. 특히 JP모건은 채권이 주식보다 경쟁력이 있을 것이라고 전망하며, 금리가 내려가면서 채권 투자가 유리한 시기가 될 것으로 보았다.

주식에 대해서는 부정적으로 보지는 않지만, 미국 주식이 고점을 찍을 가능성이 있다고 보고, AI 관련 주식이 큰 역할을 할 수 있다고 보았다. 또한 부동산과 프라이빗 크레딧 같은 주요 크레딧 리스크는 어느 정도 관리될 것으로 전망하고 있다.

웰스파고의 매크로 전망을 보면, 2024년 미국 GDP 성장률이 0.7%로 둔화될 것으로 보고 있으며, 인플레이션은 2.5%까지 내려갈 것으로 예상했다. 또한 미국 실업률은 5.6%까지 상승할 것으로 예상하며, 글로벌 경제 역시 전반적으로 성장률이 둔화될 것으로 보았다. 이런 상황에서 채권, 특히 국채는 매력적인 투자처가 될 수 있다고 평가했다.

도이치은행은 2024년 미국 GDP 성장률이 0.8%로 둔화될 것으로 보고, 글로벌 성장률도 2.8%로 둔화될 것으로 전망했다. 이는 웰스파고와 비슷한 수준의 전망으로, 세계 경제 성장률이 둔화되는 가운데 채권 투자의 중요성을 강조했다.

프랑스 아문디의 전망에 따르면, 2024년 미국 성장률이 0.6%로 둔화될 것이라고 했다. 인도는 상대적으로 6% 성장할 것으로 예상했다. 아문디는 미국의 선거와 다소의 경기 침체 가능성에 주목하고 있으며, 일본은 인플레이션이 높게 유지될 가능성이 있다고 전망했다. 중국은 저성장 패러다임으로의 전환을 예상하며, 부동산 리스크가 주요 이슈가 될 것으로 보았다.

2025년을 바라보는 주요 시나리오로는 노랜딩(경기 침체 없이 인플레이션이 유지되는 시나리오), 소프트랜딩(인플레이션이 완만히 잡히고 침체 없이 성장하는 시나리오), 경기 침체 등이 있다.

먼저 노랜딩 시나리오에서는 인플레이션이 크게 내려가지 않으면서 미국 국채 금리는 4% 초중반에서 유지되고, 주식 시장은 S&P

기준으로 6,200~6,300까지 상승할 수 있다고 본다.

소프트랜딩 시나리오에서는 인플레이션이 잡히면서 금리가 3.5% 내외로 내려가고, 주식 시장은 현재 수준에서 유지될 가능성이 크다. 경기 침체 시나리오에서는 금리가 3% 이하로 내려가고, 주식 시장은 4,000 아래로 하락할 가능성이 있다.

필자가 생각하기에는 어느 시점에 경기가 소프트랜딩이든 경기 침체든 어느 정도 상황이 정리되면, 그다음 투자 전략으로 국채 대신 하이일드 채권이 좋다. 많은 설명이 필요하지만, 간단하게 미국 하이일드 채권의 지난 20년간의 성과를 살펴보겠다.

투자를 할 때는 기대 수익과 변동성(위험)을 동시에 고려해야 한다. 좋은 투자란 위험은 작고, 수익은 높은 것이다. 지난 20년간 미국 배당주와 하이일드 채권의 성과를 비교해보면 흥미로운 결과가 나온다.

미국 배당주는 연평균 5%의 수익을 기록했고, 변동성은 20% 정도다. S&P500 귀족 배당주 ETF는 변동성이 약간 낮은 18%를 기록하며, 연평균 4%의 수익을 냈다. 배당주는 일반 주식보다 변동성이 작지만, 그만큼 기대 수익도 조금 낮다.

반면 미국 하이일드 채권은 지난 20년간 연평균 9%의 수익을 냈다. 변동성은 8~9%에 불과하다. 배당주보다 변동성이 절반 정도로 작으면서도, 기대 수익은 더 높다.

이처럼 하이일드 채권은 변동성 대비 수익률이 높기 때문에, 주식보다 더 매력적인 투자 자산이다. 즉 위험을 감안한 수익률로 보면 하이일드 채권은 주식보다 더 좋은 선택이 될 수 있다.

그렇다고 지금 당장 하이일드 채권에 투자하라는 것은 아니다. 그러나 2025년 중 하이일드 채권을 주목해야 할 시기가 올 것이며, 그때가 되면 좋은 투자 기회가 될 것이다.

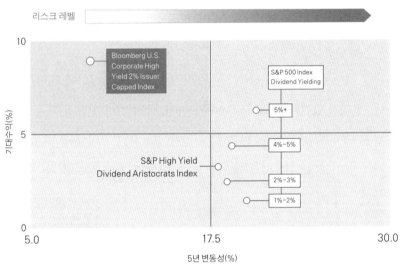

배당 주식 대비 하이일드 채권이 더 우수한 투자

미국 하이일드 채권은 미국 배당 주식보다 낮은 변동성과 높은 수익을 제공

출처: Capital group, 23.12

하이일드 채권으로 수익 극대화하기

장기적으로 하이일드 채권을 보유하는 것도 좋지만, 수익을 극대화할 수 있는 최적의 타이밍을 찾고 싶을 것이다. 그럼 하이일

드 채권에 투자해서 최대의 수익을 얻을 수 있는 시점은 언제일까? 그 답은 경제가 바닥일 때다. 경제가 바닥을 치고 회복하기 시작하는 시점이 하이일드 채권에 투자할 가장 좋은 타이밍이다. 이는 주식 투자 타이밍과 매우 유사하다.

"경제가 바닥일 때는 주식 투자하는 거 아니에요?"

맞다. 주식 투자의 최적 시점은 경제가 바닥을 찍고 돌아설 때다. 그때 주식을 사면 경기 회복에 따른 주가 상승을 기대할 수 있다. 하지만 하이일드 채권의 투자 타이밍은 주식과 거의 같지만, 조금 더 빠르다는 차이가 있다.

즉 하이일드 채권 투자는 주식보다 약간 더 이른 시점에 해야 한다. 경제가 완전히 바닥에 도달하기 전에, 금리 인하와 경기 회복 조짐이 보이기 시작할 때 하이일드 채권에 투자하면 최대의 수익을 낼 가능성이 크다. 하이일드 채권은 이자 수익과 가격 상승을 동시에 누릴 수 있기 때문이다.

예를 들어 경제가 나빠지면 기업들이 자금 조달에 어려움을 겪게 된다. 특히 하이일드 채권을 발행하는 기업들은 자금 조달 여건이 매우 힘들어진다. 하지만 기업이 턴어라운드를 시작하려면 가장 먼저 자금 조달 여건이 개선되어야 한다. 자금 조달이 원활해진다는 것은 가산 금리가 축소되는 것을 의미한다. 즉 자금 조달의 숨통이 트이면 기업이 다시 활력을 찾게 되고, 이때 하이일드 채권의 가격이 상승한다.

하이일드 채권은 기업의 자금줄이 돌아가기 시작할 때 가격이 오르기 시작한다. 그러므로 경기 바닥에 도달하기 직전에 투자하는 것이 좋은 타이밍이 된다.

경제가 바닥일 때 하이일드 채권에 투자하는 것이 유리하다고 말했지만, 몇 가지 우려가 있을 수 있다. 특히 경기 바닥에서는 기업의 부도 리스크가 매우 크고, 하이일드 채권은 투자 부적격 등급인 BB 이하의 채권이기 때문이다. "부도나는 거 아니야? 이렇게 위험한 채권을 왜 추천하는 거지?"라는 의문을 가질 수 있다.

하지만 하이일드 채권은 생각만큼 위험하지 않다는 점을 강조하고 싶다. 먼저 내가 언급하는 하이일드 채권은 국내 신용평가사가 평가한 채권이 아닌, 글로벌 신용평가사(S&P, 무디스, 피치)가 평가하는 글로벌 하이일드 채권이라는 점을 분명히 하고자 한다. 글로벌 신용평가사들은 국내 평가사들보다 기업들의 신용을 훨씬 엄격하고 보수적으로 평가한다.

앞서 언급했듯, 2016년 기준으로 SK하이닉스는 국내에서는 AA 등급이었지만, 글로벌 기준으로는 더블 B로 평가되었고, 하이일드 등급에 속했다. 또한 현대차와 LG전자도 국내에서는 AA였지만, 글로벌에서는 BBB로 평가되었다. 최근 2023년 1월 기준으로, SK하이닉스는 BBB로 한 단계 올라섰지만 여전히 글로벌 기준에서는 국내보다 낮은 등급을 받았다.

이처럼 우리가 잘 아는 국내 대기업들도 투자 부적격 등급을 받을 수 있다. 그리고 글로벌 하이일드 채권은 국내 평가 기준으로 보면 우량한 기업들에 속할 수 있다.

또한 미국 하이일드 채권 시장에서는 대부분의 펀드와 ETF가 만기까지 채권을 보유하지 않고 중간에 거래한다. 미국 하이일드 채권 시장은 약 2천조 원 규모로 매우 크고, 2천 개 이상의 기업이 포함되어 있다. 이런 규모 덕분에 펀드나 ETF는 상대적으로 더 건강한 기업들을 선별해 투자할 수 있다. 또 유통 시장이 매우 크기 때문에 문제가 발생할 경우 언제든지 시장에 팔아 손실을 최소화할 수 있다.

따라서 미국의 하이일드 채권 ETF나 펀드는 부도 위험을 지나치게 우려할 필요가 없다. 특히 미국 시장에서는 적절한 트레이딩과 선별을 통해 안정적인 수익을 기대할 수 있다.

국내 하이일드 채권은 어떨까?

그럼 국내 하이일드 채권은 어떨까? 국내 하이일드 채권 시장의 규모는 1조 원 정도밖에 안 되고 종목도 작다. 그리고 국내 신용평가사가 평가하는 채권들이 주를 이룬다. 그래서 국내 하이일드는 분산 투자가 어렵다. 예를 들어 국내 하이일드 채권 펀드에 투자한다고 가정하면, 투자할 수 있는 기업이 매우 제한적이다.

또 국내 하이일드 채권은 유통 시장이 미흡하다. 만약 투자한 기업들 중 한 기업에 문제가 생기면 이론적으로는 시장에 내다 팔면 된다. 그런데 시장이 작으니 아무도 사려고 하지 않는다. 그래서 해당 기업의 부도 리스크를 감수하면서 끝까지 가야 하는 상황이 발생할 수 있다. 따라서 국내 하이일드 채권에 투자할 때는 부도 위험을 가장 신중하게 고민해야 한다.

반면, 글로벌 하이일드 채권 시장은 투자할 수 있는 종목 수가 많아 분산 투자가 가능하다. 또 유통 시장도 잘 발달되어 있어 문제가 있는 기업이 있을 경우 시장에 내다 팔 수 있는 트레이딩 환경이 갖춰져 있다. 따라서 부도 위험이 발생하더라도 적절한 트레이딩을 통해 리스크를 관리할 수 있다.

또한 미국 하이일드 채권 시장은 1970년대부터 발전해왔고, 거의 50년 이상의 역사를 가지고 있다. 그래서 미국 하이일드 채권 펀드는 위험 관리가 매우 철저하게 이루어지고 있다. 펀드와 ETF를 통해 투자를 할 경우 비교적 안정적인 방식으로 하이일드 채권에 접근할 수 있다.

다음 자료는 미국 하이일드 채권 펀드의 최근 투자 종목 리스트다. 2022년 11월 말 기준으로, 이 펀드의 규모는 1조 원 정도이며, 투자 종목 수는 250개다. 각 종목에 투자된 비중은 약 0.5% 이하로, 한 종목이 부도가 나더라도 전체 펀드에 큰 영향을 미치지 않는다는 것을 알 수 있다.

특히 상위 10개 종목의 투자 비중을 보면, 가장 많이 보유한 종목도 1.84%에 불과하다. 즉 만약 이 종목이 부도가 나더라도, 펀드 전체에 미치는 영향은 1.8% 내외로 매우 제한적이다. 이처럼 철저한 분산 투자를 통해 개별 종목의 리스크를 최소화하고 있다.

프랭클린 템플턴Franklin Templeton 펀드가 250개 종목에 투자하고 있

3. 펀드(ETF)는 철저한 분산투자로 위험관리

Franklin Templeton Investment Funds

Franklin High Yield Fund A (acc) USD

High Yield LU0131126228 Factsheet as of 30 November 2023

This is a marketing communication. Please refer to the prospectus of the UCITS and to the KID/KIID before making any final investment decisions.

Fund Characteristics	Fund
NAV-A (acc) USD	$20.92
Total Net Assets	$928.74 Million
Number of Holdings	250
Average Credit Quality	B+
Weighted Average Maturity	4.33 Yrs
Effective Duration	3.26 Yrs
Yield to Maturity	8.66%
Standard Deviation (5 Yr)	8.95%

Top Issuers (% of Total)	Fund
CSC HOLDINGS LLC	1.84
CARNIVAL CORP	1.77
CALPINE CORP	1.63
JPMORGAN CHASE & CO	1.42
CCO HLDGS LLC/CAP CORP	1.42
MRT MID PART/MRT MID FIN	1.24
MAUSER PACKAGING SOLUT	1.23
TENET HEALTHCARE CORP	1.21
ROYAL CARIBBEAN CRUISES	1.20
CLEARWAY ENERGY OP LLC	1.17

지만, 더 큰 펀드들은 500개에서 2,000개의 종목에 투자하여 더 광범위한 분산 투자를 한다. 이렇게 되면 개별 기업의 리스크는 사실상 펀드 전체에 큰 영향을 미치지 않게 된다.

따라서 미국 하이일드 채권 펀드에 투자할 때는 개별 기업의 부도 위험보다 시장 전체의 리스크, 특히 경제가 나빠지면서 가산 금리가 벌어지는 리스크에 더 주목해야 한다. 개별 종목의 리스크가 아닌, 거시적인 경제 상황이 펀드의 성과에 더 큰 영향을 미친다는 점을 기억해야 한다.

정리해보자. 첫째, 여기서 말하는 하이일드 채권은 국내 채권이 아닌 글로벌 시장의 채권이다. 국내 채권과는 다르게 글로벌 하이일드 채권 시장은 더 넓고 다양한 선택지가 있다.

둘째, 하이일드 채권은 장기 투자에서도 주식만큼 좋은 성과를 낼 수 있다. 하지만 최대의 수익을 기대하려면 경기 바닥 국면에 투자하는 것이 좋다. 이는 하이일드 채권이 주식의 대안으로 충분히 역할을 할 수 있음을 의미한다.

셋째, 부도 위험은 하이일드 채권의 가장 큰 리스크다. 따라서 개별 채권으로 투자하지 말고, 펀드나 ETF를 통한 분산 투자를 권장한다. 국채는 부도 위험이 없으므로 개별 채권 투자도 가능하다. 하지만 하이일드 채권은 등급이 낮기 때문에 개별 채권 투자는 위험할 수 있다.

넷째, 하이일드 채권의 수익은 개별 기업의 부도 위험보다 거시경제 리스크, 즉 가산 금리가 벌어졌다가 축소되는 시점에서 결정된다. 따라서 하이일드 채권에 투자할 때는 가산 금리가 정점을 찍고 줄어들기 시작할 때가 가장 좋은 타이밍이다. 이때 투자하면 좋은 수익을 기대할 수 있다.

연금계좌에서
채권 운용하기

노후를 위해 연금계좌에 담아야 할 채권

금융소득과 관련된 세금 구조를 이해하면, 다양한 계좌를 활용해 세금을 절약하고 더 나은 투자 성과를 얻을 수 있다. 특히 채권 투자에 있어서 자본 차익과 쿠폰 수익의 세금 처리가 다르므로, 적절한 계좌 선택이 중요하다.

우선 채권에 직접 투자하는 것을 흔히 '알채권'이라고 말한다. 일반 계좌에서 채권에 투자할 경우, 자본 차익은 비과세 처리된다. 금리 하락으로 인한 채권 가격 상승에서 얻는 이익은 세금을 내지 않는다. 반면 쿠폰 수익은 이자소득세의 대상이 되어 원천징수가 된다. 그래서 자본 차익을 노린다면 일반 계좌에 사는 게 좋다.

ISA 계좌에서 채권을 매입할 수도 있다. 2025년 ISA 계좌 개정안에 따르면 연간 4,000만 원, 최고 2억 원까지 한도가 확대될 것으로 예상한다. ISA 계좌에서는 이자소득세가 500만 원까지(서민형은 1,000만 원까지) 비과세 처리되며, 쿠폰 수익도 500만 원까지는 세금이 면제된다.

만약 채권을 3년 동안 ISA 계좌에 보유하고, 이후 만기 시점에 채권을 찾으면, 수익 500만 원까지는 세금이 면제된다. 그 이상 수익에 대해서는 9.9%의 분리과세를 부담하게 된다. 따라서 쿠폰 이자 수익을 목표로 한다면, ISA 계좌에서 채권을 매입하는 것이 세금 측면에서 매우 유리하다.

ISA 계좌는 세금이 만기 시점에 원천징수되므로 과세 이연 효과를 누릴 수 있다. 즉 쿠폰 수익이 들어와도 세금 없이 재투자할 수 있어 더 많은 이익을 기대할 수 있다. 자본 차익도 ISA 계좌에서는 비과세다. 하지만 일반 계좌에서도 자본 차익은 비과세되기 때문에 이 부분에서는 차이가 없다.

다만 ISA 계좌는 재산 수준에 따라 가입이 제한될 수 있다. 특히 직전 3개년 동안 한 번이라도 종합과세 대상자였던 사람은 가입이 불가능하다. 이미 이자와 배당소득세가 많아 더 이상의 세금 혜택을 줄 수 없기 때문이다. 그래서 ISA 계좌에서 최대 2억 원까지 채권을 매수할 수 있다는 점이 매우 중요하다.

저쿠폰 채권의 경우, 일반 계좌에서 매수하는 것이 적합할 수 있으며, 고쿠폰 채권은 ISA 계좌에서 매수하면 세금을 절약할 수 있다는 장점이 있다. 쿠폰 수익률이 높은 채권을 ISA 계좌에 편입하면 세금 혜택을 극대화할 수 있다. 그러므로 최대 2억 원 한도 내에서 고쿠폰 채권을 매입하는 것이 유리하다.

IRP 계좌에 채권을 편입할 수 있을까?

많은 사람이 IRP 계좌에 채권을 편입할 수 있는지에 대해 궁금해한다. 국내 채권은 가능하지만 해외 채권은 불가능하다. 연금 계좌에서 매입할 수 있는 채권은 한국 국채에 한정되어 있다.

따라서 알채권을 편입하고자 한다면, 은행보다는 증권사를 선택하는 것이 좋다. 증권사마다 국채 보유 리스트와 매매 가능 물량이 다르다. 그래서 특히 연금 계좌에 채권을 편입할 경우, 거래하는 증권사가 다양한 국채와 만기 종류를 보유하고 있는지 확인하는 것이 중요하다. 이러한 이유로, 필요하다면 연금 계좌를 다른 증권사로 옮기는 것도 고려할 수 있다.

IRP와 연금 저축 계좌에서는 국내 채권 투자가 가능하지만, 운용 수익에 대해서는 인출할 때 과세가 이루어진다. 이는 이자, 배당, 매매 차액 모두 연금소득세로 과세된다. 예를 들어, 알채권을 연금 계좌에서 매입해 매매 차익을 얻더라도, 인출 시점에 세금을 내야 한다. 따라서 매매 차익을 노린 투자라면 일반 계좌나 ISA 계좌를 활용하는 게 좋다.

퇴직연금 계좌에서 알채권을 매수하면 쿠폰 이자가 비과세 처리 된다는 점은 이제 많이들 알고 있다. 하지만 채권 투자는 개별 채권 뿐만 아니라, 채권 펀드나 채권 ETF를 통해서도 가능하다. 이에 대 해 연금 관련 계좌에서 채권 펀드나 채권 ETF에 투자할 때의 세금 혜택을 정리해보겠다.

일반 계좌에서 채권형 펀드나 ETF에 투자할 경우, 매매 차익, 쿠 폰 이자, 환차익 등 모든 소득에 대해 15.4%의 세금이 부과된다. 반 면 ISA 계좌에서 채권형 펀드나 ETF를 매입하면, 이자소득세 500 만 원까지 비과세 혜택이 적용된다. 이를 초과하는 부분에 대해서는 9.9% 분리과세가 이루어진다.

연금 계좌에서 채권형 펀드나 ETF를 매수할 경우, 이자 소득 및 자본 차익은 연금을 인출할 때 연금소득세로 과세된다. 연금소득세 는 5.5%에서 3.3%로, 일반 계좌에서 내는 세금보다 훨씬 저렴하다. 이 때문에 채권형 펀드나 ETF는 연금 계좌에서 투자하는 것이 가장 유리하다. 과세 이연 효과뿐만 아니라, 인출 시 세율이 낮기 때문에 투자 수익을 최대로 유지할 수 있다.

정리해보면, 모든 국내 채권 펀드나 ETF는 이자소득세나 배당소 득세를 내야 하며, 종합소득세 대상에 포함된다. 그래서 일반 계좌 에서 이러한 펀드에 투자하는 경우, 종합소득세 대상자들은 세금 부 담이 크기 때문에 투자에 제약이 따른다.

또한 최근에 많은 사람이 채권 ETF에 관심을 두고 있는데, 국내 상장 채권 ETF는 국내 채권이든 해외 채권이든 관계없이 배당소득세가 부과되며 종합과세 대상이다. 따라서 세금 측면에서 불리한 부분이 존재한다.

하지만 이러한 채권 펀드나 국내 상장 채권 ETF를 ISA 계좌에 편입하면 세금 혜택을 받을 수 있다. IRP나 연금저축 계좌에서도 채권 펀드를 활용하면 15.4%의 세금 부담을 줄일 수 있으며, 종합과세도 피할 수 있다.

반면, 알채권의 경우 일반 계좌에서도 비과세 전략을 구사할 수 있지만, 채권 펀드나 국내 상장 채권 ETF는 일반 계좌에서 절세하기 어렵다. 그래서 연금 계좌를 활용해야 세금 측면에서 이득이다.

ISA나 연금 계좌에서는 현재 규정상 해외 채권에 직접 투자하는 건 불가능하다. 해외에 상장된 채권이나 해외 상장 ETF를 매입하려면 일반 계좌를 통해서만 가능하다.

해외 채권에 투자할 때, 매매 차익은 비과세 대상이다. 그리고 해외 상장 ETF 투자 시, 연간 250만 원 이상의 자본 차익에 대해서는 22%의 분리과세가 적용된다.

또한 해외 채권 투자 시 환차익과 환차손이 발생할 수 있는데, 환차익에 대해서는 과세하지 않는다. 하지만 펀드에 투자할 경우에는 환차익도 과세 대상이 된다. 즉 해외 채권을 직접 투자할 때와 펀드에 투자할 때의 과세 규정에 차이가 있다는 점을 알아둬야 한다.

따라서 달러로 환전하여 해외 채권에 직접 투자해 환차익이 발생하면, 그 부분은 비과세다. 반면 펀드나 ETF 안에서 발생한 환차손익은 전부 과세 대상이 된다.

국내에 상장된 채권 ETF가 해외 채권에 투자하는 경우, ISA 계좌에 넣을 수 있다. 중요한 것은 '그 ETF가 어디에 상장되어 있는지'다. 상장이 한국에 되어 있다면, 그 ETF가 해외 채권에 투자하더라도 ISA 계좌에 편입이 가능하다. 반면 미국에 상장된 ETF는 ISA 계좌에 넣을 수 없다.

알채권의 경우, 국내 국채에만 편입이 가능하며, 이론적으로 회사채도 투자할 수 있지만, 회사채에 투자하는 것은 위험 부담이 크기 때문에 추천하지 않는다. 회사가 부도날 경우, 원금 손실의 위험이 있기 때문이다. 따라서 안정적인 투자를 원한다면 국내 국채에 투자하는 것이 좋다.

해외 채권에 투자하고 싶다면, 국내 상장된 채권 ETF나 국내 금융 기관에서 가입 가능한 해외 채권 펀드를 통해 투자하는 것이 좋다. 이렇게 하면 세금 혜택도 받으면서 해외 채권에 투자할 수 있다.

ISA나 IRP 계좌에서 장기 채권을 매입할 때 주의할 점

장기 채권을 ISA나 IRP 계좌에서 매입할 때 주의해야 할 점을 몇 가지 짚어보겠다. 우선 장기 채권은 듀레이션이 길기 때문에 금리 변동에 민감하다. 금리가 1% 변동할 경우, 20년이나 30년 만기 채권의 가격 변동 폭이 매우 크다.

예를 들어, 50년 만기 채권의 경우, 금리 변동이 1%만 있어도 채권 가격이 플러스 마이너스 50%까지 변동할 수 있다. 따라서 장기 채권에 투자할 때는 이러한 금리 리스크를 반드시 고려해야 한다.

채권 투자 전략에는 매매 차익을 극대화하거나 쿠폰 수익을 최대로 확보하는 방식이 있는데, 매매 차익을 노린다면 일반 계좌에서 알채권을 매수하는 것이 좋다. 매매 차익이 비과세이기 때문이다.

반면 쿠폰 수익이 높은 고쿠폰 채권에 투자하고 세금 이연 효과를 누리고 싶다면, ISA 계좌나 연금저축, IRP 계좌에서 채권을 매입하는 게 유리하다. 이 계좌들은 이자소득세를 이연해주거나 비과세 혜택을 제공하기 때문에 장기적으로 유리한 투자 전략이 될 수 있다.

퇴직연금 계좌(IRP나 DC)에서도 국내 채권을 매입할 수 있지만, 여기서 유의할 점은 수수료다. 특히 장기채일수록 수수료가 더 비싸질 수 있다. 또한 증권사마다 채권 리스트와 종류가 다르기 때문에, 어떤 채권이 매매 가능한지 확인하는 것이 중요하다.

채권은 원래 기관 투자자 중심의 시장이었기 때문에, 개인 투자자가 매입하기 쉽지 않았다. 그러나 최근 증권사들이 개인 투자자도 소액으로 채권을 매입할 수 있도록 쪼개서 판매하고 있다.

DC나 IRP 계좌에서 개별 채권을 매매 목적으로 사용하는 것은 바람직하지 않을 수 있다. 그 이유는 퇴직연금 계좌에서 채권을 매수하거나 매도할 때, 증권사가 해당 채권을 직접 매수해줄 수 없기 때문이다. 법적으로 파이어월firewall 규정 때문에, 퇴직연금 계좌와 증권사의 자체 계정 간의 거래가 금지되어 있다.

일반 계좌에서는 장외 채권을 매매할 때, 증권사가 자신의 계정을 사용해 매수 또는 매도를 지원해주기 때문에 상대적으로 원활하게 거래가 가능하다. 하지만 퇴직연금 계좌에서는 이러한 지원이 불가능하다. 내가 채권을 팔고자 할 때 다른 매수자가 있어야만 매매가 성사된다.

만약 매수자가 없다면 채권을 팔기가 어려워질 수 있으며, 시장에서 가격이 떨어질 가능성도 있다. 따라서 퇴직연금 계좌에서는 매매 차익을 노리기보다는 장기 보유 전략Buy and Hold을 고려하는 것이 좋다.

결국 퇴직연금 계좌에서 채권에 투자할 때는 개별 채권이나 채권 ETF보다 글로벌 운용사가 운영하는 채권 펀드를 선택하는 것이 좋다. 특히 하이일드 채권이나 인컴형 채권 펀드는 분산 투자가 잘되어 있어, 장기 보유와 안정적인 수익을 기대할 수 있다. 퇴직연금 계좌에서 이러한 펀드에 투자하면, 장기적으로 안정적인 수익을 얻고, 세금 측면에서도 유리한 전략이 될 수 있다.

KI신서13144

부와 절세를 한번에 잡는 채권투자 바이블

1판 1쇄 발행 2024년 11월 27일
1판 2쇄 발행 2024년 12월 19일

지은이 마경환
펴낸이 김영곤
펴낸곳 (주)북이십일 21세기북스

인생명강팀장 윤서진 **인생명강팀** 박강민 유현기 황보주향 심세미 이수진
디자인 표지 김지혜 **본문** 푸른나무디자인
출판마케팅팀 한충희 남정한 나은경 최명열 한경화
영업팀 변유경 김영남 강경남 황성진 김도연 권채영 전연우 최유성
제작팀 이영민 권경민

출판등록 2000년 5월 6일 제406-2003-061호
주소 (10881) 경기도 파주시 회동길 201(문발동)
대표전화 031-955-2100 **팩스** 031-955-2151 **이메일** book21@book21.co.kr

(주)북이십일 경계를 허무는 콘텐츠 리더

21세기북스 채널에서 도서 정보와 다양한 영상자료, 이벤트를 만나세요!
페이스북 facebook.com/jiinpill21   포스트 post.naver.com/21c_editors
인스타그램 instagram.com/jiinpill21   홈페이지 www.book21.com
유튜브 youtube.com/book21pub

서울대 가지 않아도 들을 수 있는 명강의! 〈서가명강〉
'서가명강'에서는 〈서가명강〉과 〈인생명강〉을 함께 만날 수 있습니다.
유튜브, 네이버, 팟캐스트에서 '서가명강'을 검색해보세요!

ⓒ 마경환, 2024
ISBN 979-11-7117-922-0 03320